Marion Müller

Arbeitsrecht leicht erklärt

Fragen und Antworten mit Fritz und Franzi

aktiv im Betriebsrat

Marion Müller

Arbeitsrecht leicht erklärt

Fragen und Antworten mit Fritz und Franzi

BUND
VERLAG

Bibliografische Information der Deutschen Nationalbibliothek
Die Deutsche Nationalbibliothek verzeichnet diese Publikation in der Deutschen Nationalbibliografie; detaillierte bibliografische Daten sind im Internet über *http://dnb.d-nb.de* abrufbar.

Umschlag: Bernd Adam, Weinheim
Satz: Dörlemann Satz, Lemförde
Druck: CPI books GmbH, Birkstraße 10, 25917 Leck

ISBN 978-3-7663-7274-1

www.bund-verlag.de

Inhaltsverzeichnis

Abkürzungsverzeichnis

Abs.	Absatz
AGB	Allgemeine Geschäftsbedingungen
AGG	Allgemeines Gleichbehandlungsgesetz
AÜG	Arbeitnehmerüberlassungsgesetz
BAG	Bundesarbeitsgericht
BEM	Betriebliches Eingliederungsmanagement
BEEG	Bundeselterngeld- und Elternzeitgesetz
BetrVG	Betriebsverfassungsgesetz
BGB	Bürgerliches Gesetzbuch
GdB	Grad der Behinderung
GG	Grundgesetz
GmbH	Gesellschaft mit beschränkter Haftung
InsO	Insolvenzordnung
KSchG	Kündigungsschutzgesetz
LAG	Landesarbeitsgericht
MuSchG	Mutterschutzgesetz
Nr.	Nummer
SGB	Sozialgesetzbuch
TzBfG	Teilzeit- und Befristungsgesetz
usw.	und so weiter

Was spricht für dieses Buch?

Es gibt unzählige Bücher über arbeitsrechtliche Fragen. Viele davon sind für juristische Laien kaum verständlich. Denn wer kennt sich schon in Gesetzen und Rechtsprechung aus? Die Juristensprache ist oft ein Buch mit sieben Siegeln. Dabei ist es wichtig, seine Rechte und Möglichkeiten zu kennen. Denn die Entscheidungen des Arbeitgebers über Einstellung, Befristung, Lohn und Gehalt, Versetzung, Abmahnung und Kündigung sind wichtige Meilensteine im Leben eines jeden Beschäftigten. Insbesondere der Verlust des Arbeitsplatzes hat weitreichende Konsequenzen.
Ziel dieses Buches ist es, Arbeitsrecht für Nicht-Juristen verständlich zu machen. Die Themen werden verknüpft mit Beispielen aus der betrieblichen Praxis, so dass jede Leserin und jeder Leser sich die Situationen leicht vorstellen kann und Antworten findet auf die Fragen, die sie oder ihn beschäftigen.
Hierbei helfen Fritz und Franzi, zwei Betriebsratsmitglieder in einem mittelständischen Betrieb irgendwo in Deutschland. Sie sind frei erfunden, könnten aber so oder so ähnlich durchaus existieren.
Selbstverständlich müssen Sie das Buch nicht von Anfang bis Ende »durcharbeiten«. Suchen Sie sich einfach das Thema aus, dass Sie gerade interessiert.

I. Das Einstellungsverfahren

1. Fragerecht des Arbeitgebers

Personalchefs sind neugierig. Sie möchten möglichst viel über uns wissen, und das am besten schon, bevor sie uns einstellen. Schließlich wollen sie nicht die »Katze im Sack« kaufen. Und so sollen wir bereits im Bewerbungsverfahren die Karten auf den Tisch legen. Sind wir chronisch krank, in der Gewerkschaft organisiert, schwanger oder schwerbehindert? Sind wirklich alle diese Fragen erlaubt und müssen von uns wahrheitsgemäß beantwortet werden?
Fritz und Franzi, zwei Betriebsratsmitglieder bei der mittelständischen Irgendwo GmbH, gehen der Sache auf den Grund. Hören wir doch einfach zu:

»Hallo Franzi, was liest du denn da?« »Hallo Fritz, wir haben doch die offene Stelle in der Produktion. Eine Bekannte von mir hat sich beworben und soll diesen Fragebogen ausfüllen. Sie ist ziemlich verunsichert und weiß nicht, ob sie das tatsächlich alles beantworten muss.« Fritz wirft einen Blick auf den Bogen: »Puh, einige der Fragen gehen gar nicht. Das müssen wir im Betriebsrat unbedingt besprechen und den Arbeitgeber auffordern, den Personalfragebogen zu überarbeiten. Denn die meisten Bewerber wissen genausowenig wie deine Bekannte, ob sie alle Fragen wahrheitsgemäß beantworten müssen.«

Hintergrundinformation:
In einem Personalfragebogen soll der Bewerber Fragen zu seiner Person beantworten. Dies dient meist der Vorauslese im Bewerbungsverfahren. Der Betriebsrat muss dem Personalfragebogen zustimmen. Er kann somit auch dafür sorgen, dass Fragen, die eigentlich zulässig sind, nicht gestellt werden dürfen. Unerheblich ist dabei, ob die Fragen in Schriftform vorliegen oder die Informationen standardisiert in einem Vorstellungsgespräch abgefragt werden.

Testen Sie doch einmal, wie gut Ihre Einschätzung ist. Es geht um die Bewerbungssituation, ein Arbeitsvertrag ist noch nicht zustande gekommen. Welche der nachfolgenden Fragen halten Sie vor der Einstellung für zulässig, eingeschränkt zulässig oder für gar nicht zulässig? Die Auflösung folgt am Ende des Kapitels auf den Seiten 36 und 37.

1. Ansteckende Krankheiten
2. Anzahl der Kinder
3. Beruflicher Werdegang
4. Familienstand
5. Gewerkschaftszugehörigkeit
6. Hobbys
7. Lohn- oder Gehaltspfändung
8. Krankheiten
9. Parteizugehörigkeit
10. Qualifikationen
11. Religionszugehörigkeit
12. Schulabschluss
13. Schwangerschaft
14. Schwerbehinderung
15. Sexuelle Neigungen
16. Studium
17. Vermögensverhältnisse
18. Vorstrafen

Franzi wendet sich nochmals an den erfahrenen Betriebsratskollegen: »Wie soll sich meine Bekannte denn nun verhalten, Fritz?« »Grundsätzlich gilt: Der Arbeitgeber muss ein berechtigtes, billigenswertes und schutzwürdiges Interesse an der Beantwortung der Fragen haben. Es muss ein Zusammenhang mit der in Aussicht genommenen Tätigkeit bestehen. Erlaubt ist nur, was relevant für den Arbeitsplatz ist, also etwa die Qualifikation oder auch Gründe, die der Ausübung der Aufgaben entgegenstehen. Kann ein Bewerber die vorgesehene Tätigkeit als Bäcker beispielsweise nicht ausüben, weil er eine Mehlstauballergie hat, muss er dies schon von sich aus sagen. Eine Schwerbehinderung muss dann offenbart werden, wenn sie den Bewerber daran hindert, den Job auszuüben. Nur zulässige Fragen muss deine Bekannte wahrheitsgemäß beantworten. In allen anderen Fällen darf sie lügen.«

Tipp:
Es ist nicht besonders geschickt, dem potentiellen Arbeitgeber mitzuteilen, dass er die Frage gar nicht stellen darf. Besser ist es, charmant »an der Wahrheit vorbei« zu antworten. Spielt man beispielsweise regelmäßig Fußball und hat die Befürchtung, wegen des Verletzungsrisikos den Arbeitsplatz nicht zu bekommen, kann man sich ein gefahrloses Hobby wie lesen »zulegen«.
Jeder muss selbst prüfen, wie weit er den Pfad der Wahrheit verlassen will. Ich höre in Seminaren immer wieder, dass man das Arbeitsverhältnis doch nicht mit einer Lüge beginnen sollte. Da ist sicherlich etwas Wahres dran. Die Alternative kann allerdings sein, das Arbeitsverhältnis gar nicht zu beginnen. Hand aufs Herz: Würden Sie in der Rolle des Personalverantwortlichen eine alleinerziehende Mutter von drei Kindern im Alter von drei, fünf und acht Jahren ohne zu zögern einstellen? Viele Arbeitgeber tun es leider nicht.

Franzi ist nicht ganz überzeugt: »Aber einiges kommt doch sowieso schnell raus. Meine Bekannte ist nicht verheiratet. Das sieht der Arbeitgeber doch anhand der Steuerklasse.« »Ja schon, aber doch erst nach der Einstellung.« »Schwerbehindert ist sie auch. Ist es nicht sogar geschickt, das anzugeben? Der Arbeitgeber muss doch eine bestimmte Anzahl von schwerbehinderten Menschen beschäftigen.« »Das stimmt. Ob es klug ist, die Schwerbehinderung anzugeben, kommt auf den Arbeitgeber an. Manche haben Vorurteile. Außerdem sind ihnen die Rechte der schwerbehinderten Menschen ein Dorn im Auge wie der verbesserte Kündigungsschutz, die Möglichkeit, Mehrarbeit abzulehnen und die fünf zusätzlichen Urlaubstage. Manche Arbeitgeber zahlen lieber eine Ausgleichsabgabe und drücken sich so vor der Einstellung von schwerbehinderten Menschen. Nach Ansicht der Integrationsämter ist die Frage nach der Schwerbehinderung vor der Einstellung nicht zulässig. Im bestehenden Arbeitsverhältnis soll sie nach sechs Monaten erlaubt sein. So lange dauert es nämlich, bis der besondere Kündigungsschutz greift. Bei uns im Unternehmen hätte ich keine Bedenken, die Schwerbehinderung anzugeben, aber das muss deine Bekannte selbst entscheiden.«

Hintergrundinformation:
Die Rechte schwerbehinderter Menschen und der ihnen Gleichgestellten sind im 9. Sozialgesetzbuch (SGB IX) geregelt.

Noch eine Frage kommt Franzi merkwürdig vor: »Das letzte Gehalt soll meine Bekannte auch angeben.« »Damit versucht der Arbeitgeber, seine Verhandlungsposition zu verbessern – unzulässigerweise. Möglich ist es, einen

Bewerber nach seinen Gehaltswünschen zu fragen. Das ist bei uns aber auch eher Theorie. Dadurch, dass die Irgendwo GmbH dem Arbeitgeberverband angehört, sind Lohn und Gehalt weitestgehend tariflich geregelt.«

Polizeiliches Führungszeugnis

Einige Unternehmen umgehen die Frage nach Vorstrafen, indem sie ein polizeiliches Führungszeugnis verlangen. Dies kann nur vom Bewerber oder der Bewerberin selbst beantragt werden. Grundsätzlich kann ein Unternehmen nicht verlangen, dass ein polizeiliches Führungszeugnis mit der Bewerbung eingereicht wird. Denn es dürfen nur Informationen abgefragt werden, die für die angedachte Tätigkeit von Bedeutung sind. Der Banker darf beispielsweise nach Vermögensdelikten gefragt werden. Im polizeilichen Führungszeugnis hingegen sind alle Verurteilungen enthalten. Allerdings gibt es Ausnahmen. Ein polizeiliches Führungszeugnis darf beispielsweise verlangt werden bei der Arbeit mit Kindern und Jugendlichen und im Bereich der Sicherheit und Bewachung.
Die Sonderregelungen für sicherheitsempfindliche Bereiche sind durch das Terrorismusbekämpfungsgesetz vom 9. Januar 2002 inzwischen grundsätzlich auf alle lebens- oder verteidigungswichtigen Einrichtungen ausgedehnt worden, zum Beispiel auf die Energieversorgung.

Einstellungsuntersuchung

Wie verhält es sich mit der Einstellungsuntersuchung? Sie ist grundsätzlich freiwillig. Der Bewerber muss also einwilligen. Tut er dies nicht, besteht allerdings die Gefahr, dass er die Stelle nicht bekommt. Denn die Untersuchung wird meist vor dem Abschluss des Arbeitsvertrages – in der Regel durch Betriebsärzte – durchgeführt. In einigen Fällen ist die betriebsärztliche Untersuchung allerdings Pflicht. Dies gilt etwa bei Bewerbern unter 18 Jahren und bei Personen mit besonderer Verantwortung für andere wie Piloten oder Busfahrer. Der Arzt darf keine Fragen stellen, die der Arbeitgeber nicht stellen dürfte. Die Frage nach Erkrankungen in der Familie, dem Vorliegen einer Schwangerschaft oder gar ein Schwangerschaftstest sind tabu. Untersuchungen auf Drogen- oder Alkoholkonsum sind nicht erlaubt. Der Betriebsarzt unterliegt wie jeder andere Arzt der Schweigepflicht. Dies gilt auch gegenüber dem Arbeitgeber. Dieser hat lediglich das Recht zu erfahren, ob der Bewerber für den Arbeitsplatz geeignet ist.

Erkundigungen bei Dritten

Nicht ausgeschlossen ist, dass ein Unternehmen sich bei dem vorherigen Arbeitgeber erkundigt. Auch hier darf nur nach Dingen gefragt werden, an deren Kenntnis ein berechtigtes, billigenswertes und schutzwürdiges Interesse besteht. Eine Garantie, dass zwischen zwei Personalern auch tatsächlich nur solche Informationen ausgetauscht werden, gibt es jedoch nicht. Grundsätzlich gilt, dass sich der Arbeitgeber nur dann an Dritte wenden darf, wenn er ansonsten seine berechtigten Informationsbedürfnisse nicht stillen kann. Vielleicht sind die Angaben des Bewerbers so unkonkret, dass kein klares Bild über die Qualifikation entsteht oder es gibt Anhaltspunkte dafür, dass der Bewerber unrichtige Angaben gemacht hat.

Tipp:
Auch wenn aus sozialen Medien wie Facebook gewonnene Informationen über einen Bewerber oder eine Bewerberin keinen Einfluss nehmen dürfen auf die Einstellungsentscheidung, ist darauf im Zweifel kein Verlass. Deshalb sollte jeder möglichst nur Informationen über sich preisgeben, die zu einem späteren Zeitpunkt nicht nachteilig für ihn werden könnten.

2. Schutz vor Diskriminierung

Personen, die sich in gleicher Rechtslage befinden, dürfen nicht unterschiedlich behandelt werden. Dieser allgemeine Rechtsgrundsatz spiegelt sich in einigen Gesetzen wider. An erster Stelle sei hier **Artikel 3 des Grundgesetzes** (GG) genannt.
Dort heißt es im 2. Absatz: »Männer und Frauen sind gleichberechtigt. Der Staat fördert die tatsächliche Durchsetzung der Gleichberechtigung von Frauen und Männern und wirkt auf die Beseitigung bestehender Nachteile hin.«
Artikel 3 Absatz 3 GG besagt: »Niemand darf wegen seines Geschlechtes, seiner Abstammung, seiner Rasse, seiner Sprache, seiner Heimat und Herkunft, seines Glaubens, seiner religiösen oder politischen Anschauungen benachteiligt oder bevorzugt werden. Niemand darf wegen seiner Behinderung benachteiligt werden.«
§ 75 des Betriebsverfassungsgesetzes (BetrVG) enthält Grundsätze für die Behandlung der Betriebsangehörigen. Absatz 1 lautet: »Arbeitgeber und Betriebsrat haben darüber zu wachen, dass alle im Betrieb tätigen Personen nach den Grundsätzen von Recht und Billigkeit behandelt werden, insbesondere, dass jede Benachteiligung von Personen aus Gründen ihrer Rasse oder wegen ihrer ethnischen Herkunft, ihrer Abstammung oder sonstigen Herkunft, ihrer Nationalität, ihrer Religion oder Weltan-

schauung, ihrer Behinderung, ihres Alters, ihrer politischen oder gewerkschaftlichen Betätigung oder Einstellung oder wegen ihres Geschlechts oder ihrer sexuellen Identität unterbleibt.«
Das **Teilzeit- und Befristungsgesetz** schließt eine schlechtere Behandlung von Teilzeit-Arbeitnehmern und befristet Beschäftigten im Vergleich zu Vollzeitbeschäftigten bzw. Arbeitnehmern mit unbefristetem Vertrag aus, sofern es keinen sachlichen Grund dafür gibt.
Eine wichtige Rolle spielt das seit August 2006 geltende **Allgemeine Gleichbehandlungsgesetz** (AGG). Ziel dieses Gesetzes ist es, Benachteiligungen aus Gründen der Rasse oder wegen der ethnischen Herkunft, des Geschlechts, der Religion oder Weltanschauung, einer Behinderung, des Alters oder der sexuellen Identität zu verhindern oder zu beseitigen. Diese Diskriminierungsverbote gelten auch vor dem Abschluss des Arbeitsvertrags und erstrecken sich über das gesamte Arbeitsverhältnis.

Hintergrundinformation:
- Die Benachteiligung aufgrund einer Schwangerschaft gilt als Benachteiligung wegen des Geschlechts.
- Eine Behinderung wegen des Alters kann nicht nur bei älteren Menschen vorliegen, sondern auch bei jungen.
- Mit dem Merkmal Behinderung ist nicht nur die Schwerbehinderung gemeint. Es geht um jede Form der Behinderung. Erfasst sind Personen, deren Gesundheit mit hoher Wahrscheinlichkeit länger als sechs Monate vom alterstypischen Zustand abweicht und deren Teilhabe am Leben in der Gesellschaft deshalb beeinträchtigt ist. Ein Mensch, der an Depressionen leidet, kann somit behindert in diesem Sinne sein.

»Was meint ihr«, fragt Fritz in die Betriebsratsrunde, »ist ein Foto bei der Bewerbung eigentlich noch zeitgemäß? Fast alle Bewerbungen, die wir zu sehen bekommen, enthalten nach wie vor ein Bild.« »Ich glaube, in Deutschland sind wir da noch sehr traditionell«, antwortet eine Betriebsratskollegin, »mein Mann ist Kanadier. In seinem Heimatland läuft das anders. Es werden keine Fotos verschickt. Die Unternehmen wollen sich erst gar nicht der Behauptung aussetzen, zu diskriminieren. Du kannst so viele Merkmale erkennen wie das Alter, das Geschlecht und auch die Rasse oder ethnische Herkunft, vielleicht sogar die Religionszugehörigkeit und eine Behinderung.« »Eigentlich muss der Arbeitgeber doch nur wissen, ob jemand für die Stelle geeignet ist, unabhängig vom Alter, Geschlecht oder Herkunft, der Religionszugehörigkeit usw. Im Grunde müsste das Bewerbungsverfahren anonymi-

siert werden, damit alle Bewerber die gleichen Chancen haben – also kein Bild und nur Angaben zur Qualifikation«, meint Fritz und Franzi ergänzt: »Ich habe mal von einem Test gelesen. Es ging um einen Ausbildungsplatz. Zwei junge Männer mit den gleichen Schulnoten haben sich beworben – der eine mit einem typisch deutschen Namen und der andere mit einem ausländisch klingenden Namen. Jetzt dürft ihr mal raten, wer häufiger zu Tests oder Gesprächen eingeladen worden ist: Der Kandidat mit dem deutschen Namen hatte eindeutig die Nase vorn!«
»Da fällt mir noch was ein«, meint die Kollegin mit dem kanadischen Mann, »häufig verlangen Arbeitgeber perfekte oder sehr gute deutsche Sprachkenntnisse, auch wenn das für den Arbeitsplatz gar nicht erforderlich ist. Wozu muss ein Straßenbahnfahrer, der in seiner Fahrerkabine sitzt und keinen Kundenkontakt hat, perfekt deutsch sprechen?« »Du hast vollkommen recht. Das hat mit der ethnischen Herkunft zu tun und damit auch mit Benachteiligung«, sagt Franzi.

Schadensersatz und Entschädigung

Eine Verletzung des Diskriminierungsverbots kann den Bewerber oder Arbeitnehmer berechtigen, Schadensersatz oder Entschädigung vom Arbeitgeber zu verlangen. Durch den Schadensersatz wird ein materieller Schaden ausgeglichen, mit der Entschädigung die durch die Benachteiligung erlittene Ehrverletzung. Der Anspruch muss innerhalb von zwei Monaten schriftlich geltend gemacht werden. Die Höhe der Entschädigung richtet sich bei einer Nichteinstellung auch danach, ob der Bewerber bei diskriminierungsfreier Auswahl wohl eingestellt worden wäre oder nicht. Ein Anspruch auf Einstellung oder Versetzung auf einen bestimmten Arbeitsplatz entsteht jedoch nie.
Auch viele Jahre nach Inkrafttreten des Allgemeinen Gleichbehandlungsgesetzes sind immer noch nicht alle Stellenausschreibungen diskriminierungsfrei. Dies ermöglicht es Menschen, die sich benachteiligt fühlen, einen Anspruch auf Schadensersatz und Entschädigung zu verlangen. Dabei müssen sie Indizien vortragen, die eine Benachteiligung wegen eines der im Allgemeinen Gleichbehandlungsgesetz genannten Merkmale vermuten lassen. Das heißt, sie müssen einen Zusammenhang herstellen können zwischen der Ablehnung ihrer Bewerbung und einem der Merkmale.

Beispiel:
Ein Bäcker sucht per Aushang an der Ladentür »junge und dynamische Mitarbeiterinnen und Mitarbeiter«. Bewirbt sich eine 60-jährige behinderte Frau und wird abgelehnt, lässt sich eine Benachteiligung aufgrund des

> Alters und der Behinderung vermuten. Im Streitfall muss der Bäcker nun gegebenenfalls beweisen, dass er nicht gegen das Allgemeinen Gleichbehandlungsgesetz verstoßen hat oder er zumindest sachliche Gründe dafür hatte. Auch wenn der Bäcker den Rechtsstreit verliert, ist er – wie schon erwähnt – nicht zur Einstellung verpflichtet, sondern lediglich zu einer Geldzahlung.

Unter gewissen Umständen kann eine unterschiedliche Behandlung wegen eines der im Allgemeinen Gleichbehandlungsgesetz genannten Merkmale zulässig sein. Das ist der Fall, wenn dieser Grund wegen der Art der auszuübenden Tätigkeit oder der Bedingungen ihrer Ausübung eine wesentliche und entscheidende berufliche Anforderung darstellt, sofern der Zweck rechtmäßig und die Anforderung angemessen ist.

> **Beispiel:**
> Wird für die Besetzung der weiblichen Hauptrolle in einer Fernsehserie eine Frau gesucht, ist dies nicht diskriminierend, weil das Geschlecht hier wesentlich ist für die Tätigkeit.

Auch die unterschiedliche Behandlung wegen des Alters kann unter bestimmten Voraussetzungen zulässig sein. So können beispielsweise Mindestanforderungen an das Alter, die Berufserfahrung oder das Dienstalter für den Zugang zur Beschäftigung oder für bestimmte mit der Beschäftigung verbundene Vorteile oder auch ein Höchstalter für Tätigkeiten mit spezifischen Ausbildungsanforderungen festgelegt werden.

Einladung schwerbehinderter Menschen zum Vorstellungsgespräch

Schwerbehinderte Menschen, die sich bei einem öffentlichen Arbeitgeber auf eine ausgeschriebene Stelle bewerben, müssen immer zu einem Vorstellungsgespräch eingeladen werden. Tut der öffentliche Arbeitgeber dies nicht, kann der Bewerber eine Entschädigung wegen Diskriminierung aufgrund seiner Behinderung verlangen. Voraussetzung ist, dass der Arbeitgeber von der Schwerbehinderung weiß.

Was heißt das nun für die Bekannte von Franzi? Muss sie zum Vorstellungsgespräch eingeladen werden, wenn sie den Arbeitgeber über ihre Schwerbehinderung informiert? Die Antwort von Fritz ist enttäuschend: »Nein Franzi, leider nicht. Die Irgendwo GmbH ist ein privater Arbeitgeber und somit nicht verpflichtet, deine schwerbehinderte Bekannte zum Vorstellungsgespräch einzuladen. Sollte sie ihre Schwerbehinderung offenlegen, dann müssen allerdings nicht nur wir als Betriebsrat, sondern auch die Schwerbehindertenvertretung informiert werden. Die Schwerbehindertenvertretung hat im Gegensatz zu uns sogar das Recht, an dem Vorstellungsgespräch teilzunehmen, wenn deine Bekannte dies nicht ausdrücklich ablehnt.«

Hintergrundinformation:
Arbeitgeber müssen prüfen, ob freie Arbeitsplätze mit schwerbehinderten Menschen, insbesondere mit bei der Agentur für Arbeit gemeldeten schwerbehinderten Personen besetzt werden können. Verletzten sie diese Prüfpflicht, kann der Betriebsrat die Einstellung eines nicht behinderten Menschen ablehnen.

3. Beteiligung des Betriebsrats bei der Einstellung

Bei der Irgendwo GmbH findet die wöchentliche Betriebsratssitzung statt. Es geht um die Besetzung der freien Stelle in der Produktion, auf die sich auch eine Bekannte des Betriebsratsratsmitglieds Franzi beworben hat. Der Betriebsrat hat sich alle Bewerbungsunterlagen angesehen und muss nun über den Vorschlag des Arbeitgebers beraten und beschließen. Leider ist die Wahl der Personalabteilung nicht auf Franzis Bekannte gefallen, sondern auf einen jungen Mann ohne Schwerbehinderung. Hierüber entbrennt im Gremium eine heiße Diskussion.
»Also meiner Meinung nach liegt hier eine Benachteiligung nach dem Allgemeinen Gleichbehandlungsgesetz vor. Es haben sich mehrere Frauen beworben, zwei davon sind schwerbehindert. Der Arbeitgeber hat sich für einen jungen Mann entschieden. Das ist nicht in Ordnung. Denn in dem Bereich in der Produktion sind fast nur Männer tätig«, äußert sich ein Betriebsratsmitglied. Ein anderes widerspricht: »Ich finde schon, dass dieser junge Mann ausgezeichnet auf die Stelle passt. Qualifiziert ist er auch. Sollen wir ihn ablehnen, nur weil er ein Mann ist? Das finde ich diskriminierend.« »Moment mal, es geht auch um die Schwerbehinderung.« So geht das eine Weile hin und her. Franzi hält sich zurück, obwohl sie sich natürlich wünscht, dass ihre Bekannte den Job bekommt. Eine Mehrheit im Betriebsrat ist der Meinung, dass der Arbeitsplatz mit einem schwerbehinderten Bewerber oder noch lieber mit einer schwerbehinderten Bewerberin besetzt werden sollte. Der Betriebsrat beschließt daher, der Einstellung des Arbeitgeberkandidaten nicht zuzustimmen.

Hintergrundinformation:
Nicht immer, wenn der Arbeitgeber Bewerber ablehnt, entspricht dies seinem alleinigen Willen. Der Betriebsrat hat nach dem Betriebsverfassungsgesetz sechs Gründe, die Einstellung einer bestimmten Person abzulehnen, beispielsweise dann, wenn gegen das Allgemeine Gleichbehandlungsgesetz oder ein anderes Gesetz verstoßen wird. Ein weiterer wichtiger Ablehnungsgrund ist die Befürchtung, dass bereits im Betrieb tätige Arbeitnehmer durch die Einstellung benachteiligt – im schlimmsten Fall gekündigt – werden.
Der Betriebsrat hat Anspruch darauf, alle Bewerbungsunterlagen einzusehen, um Gesetzesverstöße oder Verstöße gegen den Tarifvertrag überhaupt prüfen zu können. Er hat nach der Unterrichtung durch den Arbeitgeber eine Woche Zeit, sich zu äußern. Tut er dies nicht, gilt seine Zustimmung nach Ablauf der Wochenfrist als erteilt.
Der Betriebsrat darf zwar einen eigenen Besetzungsvorschlag machen. Rechtlich durchsetzen kann er seinen Wunschkandidaten jedoch nicht. Er ist darauf beschränkt, den Vorschlag des Arbeitgebers begründet abzulehnen. Gegen eine Befristung kann der Betriebsrat vorgehen, wenn diese gesetzwidrig ist.

Stimmt der Betriebsrat einer Einstellung nicht zu, darf der Arbeitgeber sie nicht durchführen. Er kann allerdings versuchen, sich die fehlende Zustimmung durch das Arbeitsgericht ersetzen zu lassen.
Stellt der Arbeitgeber einen Bewerber ein, ohne dass die Zustimmung des Betriebsrats vorliegt oder durch das Arbeitsgericht ersetzt worden ist, muss er den Arbeitnehmer über die Situation informieren, um nicht schadensersatzpflichtig zu werden. Möglicherweise schlägt der Bewerber in dem Glauben, dass die Einstellung rechtssicher abgeklärt ist, ein anderes Stellenangebot aus und es entsteht ihm hierdurch ein materieller Verlust.

Hintergrundinformation:
Sollen Leiharbeitnehmer im Betrieb eingesetzt werden, muss der Betriebsrat der Eingliederung dieser Personen ebenso zustimmen, wie der Einstellung von »normalen« Beschäftigten.

4. Abschluss und Inhalt des Arbeitsvertrages

Arbeitsverträge kommen zustande durch Antrag und Annahme und können mündlich, schriftlich oder sogar stillschweigend abgeschlossen werden. Letzteres ist der Fall, wenn der Arbeitnehmer einfach die Arbeit aufnimmt und der Arbeitgeber nicht widerspricht.

Tipp:
Ein Arbeitnehmer, der nach Ablauf einer Befristung weiterarbeitet, unterbreitet dem Arbeitgeber einen neuen Antrag, der als angenommen gilt, wenn der Arbeitgeber nicht widerspricht. Auf diese Art und Weise kommt ein neues – unbefristetes – Arbeitsverhältnis zustande.

Gibt es keinen schriftlichen Arbeitsvertrag, muss der Arbeitgeber spätestens einen Monat nach dem vereinbarten Beginn des Arbeitsverhältnisses die **wesentlichen Vertragsbedingungen** schriftlich niederlegen, die Niederschrift unterzeichnen und dem Arbeitnehmer aushändigen. Geregelt ist dies im sogenannten Nachweisgesetz. Die Niederschrift muss mindestens folgende Angaben enthalten:

1. Name und Anschrift der Vertragsparteien,
2. Zeitpunkt des Beginns des Arbeitsverhältnisses,
3. bei befristeten Arbeitsverhältnissen: die vorhersehbare Dauer des Arbeitsverhältnisses,
4. Arbeitsort oder, falls der Arbeitnehmer nicht nur an einem bestimmten Arbeitsort tätig sein soll, ein Hinweis darauf, dass der Arbeitnehmer an verschiedenen Orten beschäftigt werden kann,
5. eine kurze Charakterisierung oder Beschreibung der vom Arbeitnehmer zu leistenden Tätigkeit,
6. Zusammensetzung und Höhe des Arbeitsentgelts einschließlich der Zuschläge, der Zulagen, Prämien und Sonderzahlungen sowie anderer Bestandteile des Arbeitsentgelts und deren Fälligkeit,
7. vereinbarte Arbeitszeit,
8. Dauer des jährlichen Erholungsurlaubs,
9. Fristen für die Kündigung des Arbeitsverhältnisses,
10. ein in allgemeiner Form gehaltener Hinweis auf die Tarifverträge, Betriebs- oder Dienstvereinbarungen, die auf das Arbeitsverhältnis anzuwenden sind.

Ändern sich im Verlauf des bestehenden Arbeitsverhältnisses wesentliche Vertragsbedingungen – beispielsweise die Tätigkeit – so muss der Arbeitgeber diese Veränderungen spätestens nach einem Monat dem Ar-

beitnehmer schriftlich mitteilen. Nicht erforderlich ist es, den kompletten Arbeitsvertrag erneut auszuhändigen.
Damit enthalten entweder der Arbeitsvertrag oder die nachträgliche Niederschrift mitsamt den späteren Änderungsmitteilungen die wesentlichen »Spielregeln« für die Vertragsparteien. Der Arbeitnehmer soll wissen, welchen Entgelt- und Urlaubsanspruch er hat, welche Kündigungsfristen gelten usw. Doch nicht immer sind die Inhalte wirklich klar verständlich.

AGB-Kontrolle

Beim Arbeitsvertrag gilt grundsätzlich Gestaltungsfreiheit. Doch das ist eher die Theorie. In der Praxis verhandeln meist nicht zwei gleichstarke Partner über Entgelt und andere Bedingungen, sondern der Arbeitgeber diktiert den Arbeitsvertrag. Zum Schutz des Arbeitnehmers gibt es Gesetze und Tarifverträge. Als Verbraucher kennen wir die Allgemeinen Geschäftsbedingungen (AGB) schon seit langem – als Kleingedrucktes, das die meisten nicht lesen. Seit 2002 gilt die AGB-Kontrolle auch für Arbeitsverträge. Das bedeutet zum Beispiel, dass **überraschende Klauseln** unwirksam sind. Eine überraschende Klausel liegt etwa dann vor, wenn unter der Überschrift »Arbeitszeit« eine Klausel zur Vertragsstrafe bei rechtswidriger Kündigung durch den Arbeitnehmer »versteckt« ist. Die Regelungen müssen **transparent** sein. Der Arbeitnehmer soll schon bei Vertragsabschluss erkennen können, was auf ihn zukommt. Enthält der Arbeitsvertrag etwa eine Klausel, wonach alle Überstunden mit der Vergütung bereits abgegolten sind, ist das nicht transparent. Die Klausel ist unwirksam. Denn der Bewerber weiß nicht, wie viele Überstunden von ihm unentgeltlich verlangt werden können. Ein auf den ersten Blick hohes Gehalt kann so schnell seinen Reiz verlieren.
Auch **Freiwilligkeitsvorbehalte** bei Leistungszulagen, Sonder- und Bonuszahlen sind nicht immer zulässig. Erfasst ein Freiwilligkeitsvorbehalt alle zukünftigen Leistungen unabhängig von ihrer Art und ihrem Entstehungsgrund, benachteiligt dies den Arbeitnehmer unangemessen. Ein Freiwilligkeitsvorbehalt muss eindeutig und verständlich sein. Dies ist nicht der Fall, wenn eine Sonderzahlung einerseits freiwillig und ohne jede rechtliche Verpflichtung gewährt wird und sie andererseits jederzeit ohne Wahrung einer besonderen Frist widerrufbar ist.
Den Anspruch auf eine **Weihnachtsgratifikation** darf der Arbeitgeber davon abhängig machen, dass das Arbeitsverhältnis zum Zeitpunkt der Auszahlung ungekündigt besteht, sofern mit der Gratifikation die Betriebstreue und nicht ein Teil der Arbeitsleistung honoriert werden soll. Eine Klausel, nach der der Arbeitgeber sich vorbehält, in jedem Jahr neu über die Höhe der Gratifikation zu entscheiden, benachteiligt den Arbeit-

nehmer nicht unangemessen und ist zulässig. Voraussetzung ist immer, dass sich der Anspruch nicht aus anderen Vorschriften ergibt, insbesondere ist hier an ein tariflich vereinbartes Weihnachtsgeld – bei beidseitiger Tarifbindung – zu denken.

Darüber hinaus kann es eine Reihe weiterer Klauseln im Arbeitsvertrag geben. Meist werden Arbeitsverträge von der Arbeitgeberseite vorformuliert und nicht frei zwischen den Vertragsparteien verhandelt. Daher trägt auch der Arbeitgeber das Risiko eines mehrdeutigen oder unvollständigen Wortlauts. Bei mehreren in Frage kommenden Auslegungen ist diejenige zu wählen, die den Arbeitnehmer am wenigsten belastet. Ist eine Klausel unwirksam, hat dies grundsätzlich keine Auswirkungen auf die übrigen Vertragsbestandteile.

Der Betriebsrat kontrolliert zwar generell die Einhaltung der Bestimmungen. Die mit den einzelnen Arbeitnehmern abgeschlossenen Arbeitsverträge bekommt er jedoch vom Arbeitgeber nicht gezeigt.

Testen Sie Ihr Wissen: Halten die nachfolgenden Klauseln in vom Arbeitgeber vorformulierten Arbeitsverträgen einer AGB-Kontrolle stand und sind somit wirksam oder nicht? Die Auflösung finden Sie am Ende des Kapitels auf den Seiten 37 und 38.

1. Alle Reisezeiten sind pauschal mit der Bruttomonatsvergütung abgegolten.
2. Der Arbeitsvertrag gibt drucktechnisch hervorgehoben eine Befristung für die Dauer eines Jahres an sowie im weiteren Textverlauf ohne besondere Hervorhebung eine weitere Befristung zum Ablauf der sechsmonatigen Probezeit.
3. Im Arbeitsvertrag wird nur eine Kündigungsfrist genannt und keine gesonderte Kündigungsfrist für die Probezeit.
4. Das Arbeitsverhältnis endet spätestens, ohne dass es einer Kündigung bedarf, mit Ablauf des Monats, in dem der Arbeitnehmer die Regelaltersgrenze der gesetzlichen Rentenversicherung erreicht.
5. Der Arbeitgeber behält sich vor, dem Arbeitnehmer eine andere als die vertraglich vereinbarte Tätigkeit zuzuweisen.
6. Die Weihnachtsgratifikation ist zurückzuzahlen, wenn der Arbeitnehmer vor Ende des folgenden Kalenderjahres ausscheidet.
7. Dem Arbeitnehmer ist es nicht erlaubt, eine Nebentätigkeit auszuüben.
8. Alle Ansprüche aus dem Arbeitsverhältnis müssen innerhalb einer Frist von vier Wochen nach Fälligkeit schriftlich gegenüber der anderen Vertragspartei geltend gemacht werden, ansonsten verfallen sie.

Direktionsrecht

Im Arbeitsvertrag wird die Tätigkeit des Arbeitnehmers nur grob charakterisiert. Welche Arbeiten zu welchem Zeitpunkt der Mitarbeiter ausüben soll, ist nicht im Einzelnen bestimmt. Der Arbeitgeber hat das Recht, diese »Lücken« auszufüllen. Das sogenannte Direktions- oder auch Weisungsrecht ist in der **Gewerbeordnung** geregelt.
In § 106 heißt es dazu: *»Der Arbeitgeber kann Inhalt, Ort und Zeit der Arbeitsleistung nach billigem Ermessen näher bestimmen, soweit diese Arbeitsbedingungen nicht durch den Arbeitsvertrag, Bestimmungen in einer Betriebsvereinbarung, eines anwendbaren Tarifvertrages oder gesetzliche Vorschriften festgelegt sind. Dies gilt auch hinsichtlich der Ordnung und des Verhaltens der Arbeitnehmer im Betrieb. Bei der Ausübung des Ermessens hat der Arbeitgeber auch auf Behinderungen des Arbeitnehmers Rücksicht zu nehmen.«*
Die Anordnungen müssen sich also im Rahmen der Gesetze und Tarifverträge bewegen. Sie dürfen auch nicht gegen Bestimmungen des Arbeitsvertrages verstoßen. Ist jemand beispielsweise als Facharbeiter beschäftigt, darf er nicht mit Hilfsarbeiten betraut werden, auch dann nicht, wenn er seinen Facharbeiterlohn weiter erhält. Der Arbeitgeber muss Rücksicht nehmen auf die Kräfte und Fähigkeiten des Arbeitnehmers und auf seine familiäre Situation.
In den Betrieben gelten meist eine Reihe von Verhaltensregeln wie beispielsweise Vorschriften zum Tragen von Arbeitskleidung, zur Nutzung von Telefon und Internet, zum Umgang mit Arbeitsmitteln, Alkohol- und Rauchverbote. In Betrieben mit Betriebsrat bestimmt dieser mit bei Fragen der Ordnung im Betrieb und des Verhaltens der Arbeitnehmer im Betrieb. Der Arbeitgeber muss sich mit der Interessenvertretung einigen, sein Weisungsrecht wird durch das **Mitbestimmungsrecht des Betriebsrats** unterbrochen. Das geschieht meist durch den Abschluss von Betriebsvereinbarungen. Ist eine Einigung nicht möglich, kann die Angelegenheit durch eine sogenannte Einigungsstelle verbindlich geregelt werden.

Hinweis:
Auch in betriebsratslosen Betrieben sind dem Direktionsrecht des Arbeitgebers Grenzen gesetzt. Das Landesarbeitsgericht Düsseldorf hat beispielsweise entschieden, dass das Verbot von Liebesbeziehungen zwischen Beschäftigten im selben Betrieb gegen die Menschenwürde verstößt (LAG Düsseldorf 14.11.2005 – 10 TaBV 46/05).

Probezeit

Das Arbeitsverhältnis beginnt meist mit einer Probezeit. Für die maximale Dauer von sechs Monaten gilt eine Kündigungsfrist von nur zwei Wochen. Beide Vertragsparteien können sich auf eine kürzere Probezeit einigen oder ganz darauf verzichten. Für einfache Tätigkeiten kann als Faustformel eine Probezeit von drei Monaten gelten. Eine über sechs Monate hinausgehende Probezeit wird nur in Ausnahmefällen zulässig sein. Eine Kündigung während der Probezeit muss nicht begründet werden. Der Arbeitnehmer kann sich während der ersten sechs Monate des Beschäftigungsverhältnisses nicht auf die Sozialwidrigkeit der Entlassung berufen. Der Betriebsrat ist im Falle einer Arbeitgeberkündigung anzuhören. Ist die Probezeit beendet, gelten die normalen Kündigungsfristen, die sich aus dem Arbeitsvertrag, einem anzuwendenden Tarifvertrag oder § 622 Bürgerliches Gesetzbuch (BGB) ergeben.
Für das Berufsausbildungsverhältnis ist eine Probezeit zwingend vorgeschrieben. Sie beträgt mindestens einen und maximal vier Monate.

Vorsicht Falle:
Nicht immer ist die Probezeit lediglich »vorgeschaltet«. Es gibt Arbeitsverhältnisse, die befristet zur Erprobung abgeschlossen werden. Das heißt, die Erprobung ist der Grund für die Befristung. Diese Arbeitsverhältnisse enden nach Ablauf der Probezeit, ohne dass eine Kündigung ausgesprochen werden muss. Wird das Arbeitsverhältnis über das Fristende hinaus stillschweigend fortgesetzt, entsteht ein unbefristetes Arbeitsverhältnis.

Günstigkeitsprinzip

Für das Arbeitsverhältnis können sich Vorschriften aus Gesetzen, Tarifverträgen, Betriebsvereinbarungen oder dem Arbeitsvertrag ergeben. Grundsätzlich gilt für den Arbeitnehmer die für ihn günstigste Regelung.

Beispiel:
Das Bundesurlaubsgesetz sieht mindestens 24 Werktage Erholungsurlaub vor, der Tarifvertrag 30 Arbeitstage, der Arbeitsvertrag 32 Arbeitstage. Mit Werktagen sind alle Tage mit Ausnahme der Sonntage gemeint. Bei den Arbeitstagen im Tarifvertrag und im Arbeitsvertrag liegt eine Fünf-Tage-Woche zugrunde. In diesem Fall ist der Arbeitsvertrag für den Arbeitnehmer die beste Variante. Er hat Anspruch auf 32 Arbeitstage Urlaub.

5. Befristete Arbeitsverhältnisse

Die Betriebsratsmitglieder der Irgendwo GmbH ärgern sich in ihrer wöchentlichen Sitzung darüber, dass der Arbeitgeber eine Stelle wieder einmal befristet besetzen will. Eine Betriebsratskollegin ist richtig wütend darüber: »Ich verstehe nicht, was das soll. Es ist doch klar, dass der Arbeitsplatz auf Dauer besetzt werden muss. Warum hat die Personalabteilung so viel Spaß an Befristungen? Den Arbeitnehmern gegenüber ist das total unfair. Sie hängen in der Luft, wissen nicht, ob sie auf Dauer bleiben können.« Ein anderes Betriebsratsmitglied versucht, Verständnis für die Personaler aufzubringen: »Es wird dem Arbeitgeber leicht gemacht, Arbeitsverträge nur auf Zeit abzuschließen. Vielleicht würden wir diese Gelegenheit an ihrer Stelle auch nutzen. Gelegenheit macht schließlich Diebe. Die Chefs können in Ruhe prüfen, ob der Arbeitnehmer oder die Arbeitnehmerin geeignet ist für die Stelle, und im Falle einer wirtschaftlichen Flaute müssen sie nicht kündigen, sondern lassen die befristeten Verträge einfach auslaufen. Ich sehe vielmehr die Politik gefordert, die Befristungsmöglichkeiten einzuschränken.« »Ich denke, die Probezeit reicht allemal aus, um festzustellen, ob ein Arbeitnehmer passt oder nicht. Ist es nicht so, dass die Personalabteilung die Leute so »in Schach« hält? Wer lehnt schon Überstunden ab oder macht sich aus anderen Gründen unbeliebt, wenn er noch hofft, dass sein Vertrag verlängert wird? Wir haben zwei verschiedene Arten von Beschäftigten – die Befristeten mit der Angst im Nacken und die Unbefristeten, die auch mal den Mund aufmachen können«, gibt Franzi zu bedenken.

In Deutschland gilt nach wie vor das unbefristete Arbeitsverhältnis als Normalfall, auch wenn der Blick in viele Betriebe etwas anderes vermuten lässt. Wesentliche gesetzliche Grundlage ist das **Teilzeit- und Befristungsgesetz**. Unterschieden wird zwischen der **kalendermäßigen Befristung** – hier wird der Arbeitsvertrag für einen bestimmten Zeitraum etwa vom 1. 1. bis 30. 6. eines Jahres abgeschlossen – und der **Zweckbefristung** beispielsweise für die Dauer der Vertretung eines erkrankten Arbeitnehmers. In diesem Fall endet der Arbeitsvertrag nicht abrupt mit der Genesung des ursprünglichen Stelleninhabers, sondern frühestens zwei Wochen nachdem der Arbeitgeber den befristet eingestellten Arbeitnehmer schriftlich über den Zeitpunkt der Zweckerreichung informiert hat. Befristungen müssen immer schriftlich vereinbart werden, auch dann, wenn der Arbeitsvertrag mündlich abgeschlossen wird. Die **Schriftform** ist nicht nur für Befristungen nach dem Teilzeit- und Befristungsgesetz vorgeschrieben, sondern für alle Arten der Befristungen beispielsweise nach dem Bundeselterngeld- und Elternzeitgesetz.

Hinweis:
Ein Verstoß gegen die Schriftform führt zu einem unbefristeten Arbeitsverhältnis.

Bei einem kalendermäßig befristeten Arbeitsverhältnis muss die Aussage der Befristung sowie deren zeitliche Dauer schriftlich niedergelegt werden, bei einem zweckbefristeten Arbeitsverhältnis ist es der Vertragszweck. Für die Dauer der Befristung wollen sich beide Vertragsteile aneinanderbinden. Daher ist die ordentliche Kündigung eines befristeten Arbeitsvertrags nur zulässig, wenn dies vereinbart ist. Liegt ein entsprechender Grund vor, ist die außerordentliche Kündigung immer möglich. Das Teilzeit- und Befristungsgesetz unterscheidet in § 14 die **Befristung mit und ohne Sachgrund**. Ein sachlicher Grund liegt zum Beispiel vor, wenn

- der betriebliche Bedarf an der Arbeitsleistung nur vorübergehend besteht,
- die Befristung im Anschluss an eine Ausbildung oder ein Studium erfolgt, um den Übergang des Arbeitnehmers in eine Anschlussbeschäftigung zu erleichtern,
- der Arbeitnehmer zur Vertretung eines anderen Arbeitnehmers beschäftigt wird,
- die Befristung zur Erprobung erfolgt.

Es gibt grundsätzlich keine zeitliche Begrenzung für die Befristung mit Sachgrund. Wird ein Arbeitnehmer zur Abdeckung eines vorübergehenden Bedarfs, beispielsweise für ein Projekt, eingestellt und dauert dieses Projekt drei Jahre, ist eine befristete Einstellung für diesen Zeitraum zulässig. Bei der Anschlussbeschäftigung an eine Ausbildung oder ein Studium ist eine Dauer von sechs bis zwölf Monaten üblich. Einige Tarifverträge enthalten diesbezügliche Regelungen.

Hintergrundinformation:
Die Befristung von Arbeitsverträgen mit Spielern der Fußball-Bundesliga wird mit der Eigenart der Arbeitsleistung begründet.

Ein in der betrieblichen Praxis äußerst beliebter Sachgrund ist die Vertretung eines anderen Arbeitnehmers. Ein Beschäftigter fällt vorübergehend aus, sei es durch Krankheit, eine Rehabilitationsmaßnahme, Urlaub, Elternzeit oder eine Weiterbildung. Irgendwo im Betrieb fehlt meistens jemand. Der Bedarf wird durch eine befristete Einstellung gedeckt.

Werden über Jahre hinweg immer wieder befristete Verträge mit einem Arbeitnehmer abgeschlossen bzw. die Verträge immer wieder verlängert, kann Rechtsmissbrauch vorliegen. Hierzu gibt es bereits verschiedene Gerichtsurteile. Es kommt auf die Umstände des Einzelfalls an.
Für Befristungen ohne Sachgrund benötigt der Arbeitgeber – wie der Name schon sagt – keine besondere Begründung. Sie sind jedoch zeitlich begrenzt und dürfen grundsätzlich auch nur einmal zwischen einem Unternehmen und einem Arbeitnehmer abgeschlossen werden. Eine erneute sachgrundlose Befristung mit demselben Arbeitnehmer ist somit nicht zulässig, wohl aber eine Befristung mit Sachgrund oder eine unbefristete Einstellung.
Die Unwirksamkeit einer Befristung kann durch eine Feststellungsklage beim Arbeitsgericht geltend gemacht werden. Die Klage muss innerhalb von drei Wochen nach dem vereinbarten Ende des befristeten Arbeitsverhältnisses eingereicht werden.
Neben dem Teilzeit- und Befristungsgesetz enthalten weitere Gesetze Bestimmungen zu Befristungen wie das Pflegezeitgesetz, das Wissenschaftszeitvertragsgesetz und das Gesetz über befristete Arbeitsverträge mit Ärzten in der Weiterbildung.

6. Leiharbeit und Werkvertrag

Kehren wir zurück zur Betriebsratssitzung der Irgendwo GmbH. Nach dem Ärger über die Befristungen steht nun die Zustimmung zur Eingliederung von zwei Leiharbeitnehmern auf der Tagesordnung. Eine junge Kollegin, die noch nicht lange im Betriebsrat ist, fragt nach: »Ich verstehe das nicht. Bei Leiharbeitnehmern müssen wir zustimmen, bei Werkverträgen nicht. Kann mir mal jemand den Unterschied erklären?« »Ich versuche es einmal simpel auf den Punkt zu bringen«, meldet sich Fritz. »Bei der Leiharbeit – auch Arbeitnehmerüberlassung oder Zeitarbeit genannt – wird ein Arbeitnehmer einem anderen Unternehmen zur Arbeitsleistung überlassen. Das bedeutet: Leiharbeitnehmer »dienen zwei Herren«. Sie haben einen Arbeitsvertrag mit dem sogenannten Verleiher und erbringen ihre Arbeitsleistung bei uns im Betrieb gemeinsam mit unseren Stammarbeitnehmern. Unsere Vorgesetzten sind den Zeitarbeitern gegenüber weisungsbefugt.« »Und für ihren Einsatz bei uns bekommen die Leiharbeitskräfte das gleiche Geld wie unsere Leute?«, möchte sich die junge Kollegin vergewissern. Franzi antwortet: »Theoretisch ja. Es gibt Regelungen zur Gleichbehandlung – »equal pay« und »equal treatment« genannt. Praktisch wird die gleiche Bezahlung häufig durch einen mit dem Verleiher abgeschlossenen Tarifvertrag ausgehebelt.«

Hintergrundinformation:
Gemäß § 8 des Arbeitnehmerüberlassungsgesetzes (AÜG) ist der Verleiher verpflichtet, dem Leiharbeitnehmer für die Zeit der Überlassung an den Entleiher die im Betrieb des Entleihers für einen vergleichbaren Arbeitnehmer des Entleihers geltenden wesentlichen Arbeitsbedingungen einschließlich des Arbeitsentgelts zu gewähren. Ein Tarifvertrag kann hiervon abweichen. Allerdings gilt ein Mindestlohn.
Zudem kann der Leiharbeitnehmer gemäß § 13 AÜG vom Entleiher Auskunft über die in dessen Betrieb geltenden wesentlichen Arbeitsbedingungen einschließlich des Arbeitsentgelts verlangen, sofern dem kein Tarifvertrag entgegensteht.
Leiharbeitnehmer können im Entleihbetrieb die Sprechstunden des Betriebsrats aufsuchen und an Betriebsversammlungen teilnehmen. Bei einer geplanten Einsatzdauer von mehr als drei Monaten haben sie das Recht, den Betriebsrat im Entleihbetrieb zu wählen.
Im Verleihbetrieb haben sie das aktive und passive Wahlrecht – das heißt, sie können wählen und gewählt werden. Allerdings sind Arbeitnehmervertretungen in der Zeitarbeitsbranche leider nicht allzu häufig anzutreffen.

»Das hört sich erst einmal gut an mit der gleichen Bezahlung, ist aber anscheinend eine ganz schöne Mogelpackung«, entrüstet sich das neue Betriebsratsmitglied. »Was ist denn nun ein Werkvertrag?« Fritz antwortet: »Stell dir vor, du brauchst ein neues Dach. Was machst du?« »Ich hole mir von Dachdeckern Kostenvoranschläge ein.« »Genau, und dann entscheidest du dich für eine Firma und lässt dein Dach decken. Am Ende nimmst du das Werk – also das fertige Dach – ab und bezahlst den vereinbarten Preis. Natürlich hatte der Dachdecker bestimmte Vorgaben. Du hättest dich ziemlich aufgeregt, wenn er andere als die von dir ausgewählten Ziegel verwendet hätte. Aber die wesentlichen unternehmerischen Entscheidungen hat der Firmenchef selbst getroffen – beispielsweise wie viele Mitarbeiter er für die Baustelle einsetzt, ob Überstunden gemacht werden usw. Er hat seinen Leuten Weisungen erteilt, nicht du.« »Verstehe, arbeiten Menschen im Rahmen eines Werkvertrages bei uns im Betrieb, haben sie eigene Chefs, unsere Vorgesetzten sind nicht weisungsbefugt.« »So ist es. Erinnerst du dich noch? Vor einigen Wochen war unsere Telefonanlage kaputt. Eine

Servicefirma wurde mit der Reparatur beauftragt. Das war so ein Werkvertrag. Ein anderes Beispiel für eine Fremdvergabe ist die Reinigung der Werkhallen und Büros. Nicht unsere eigenen Beschäftigten putzen, sondern die Arbeitnehmerinnen und Arbeitnehmer einer Fremdfirma. Wir als Betriebsrat werden in solchen Fällen nur informiert und können die Verträge einsehen. Ein Mitbestimmungsrecht haben wir nicht.« »Daraus kann man doch schließen, dass unsere Rechte bei Leiharbeit weitreichender sind als bei Werkverträgen.« »Ich merke, du hast das System verstanden. Für den Arbeitgeber sind beide Möglichkeiten attraktiv. Er gewinnt Flexibilität und spart Geld. Was will man mehr als Unternehmer?«, bestätigt Franzi leicht ironisch.

Hintergrundinformation:
Bei einem Werkvertrag verpflichtet sich der Unternehmer zur Herstellung eines Werkes. Er schuldet einen Erfolg.
Bei einem Dienstvertrag hingegen schuldet der Verpflichtete die vereinbarte Tätigkeit als solche. Beispiel: Das Unternehmen beauftragt einen Steuerberater mit der Buchführung.

7. Arbeitsentgelt

Hauptpflicht des Arbeitnehmers ist es zu arbeiten. Dafür zahlt der Arbeitgeber ihm die vereinbarte Vergütung. Bei gewerblichen Mitarbeitern spricht man meist von Lohn, bei Angestellten von Gehalt. Zudem gibt es weitere Formen der Vergütung wie Bonuszahlungen, Gratifikationen und sonstige Sondervergütungen wie das Urlaubs- oder Weihnachtsgeld, Provisionen, Prämien, Zulagen und Zuschläge für besondere Erschwernisse oder Sonntags- und Feiertagsarbeit. Die Arbeitsvertragsparteien können Sachbezüge als Teil des Arbeitsentgelts vereinbaren, wenn dies im Interesse des Arbeitnehmers oder in der Eigenart des Arbeitsverhältnisses liegt. Der Arbeitgeber muss das Arbeitsentgelt in Euro berechnen und auszahlen. Das vereinbarte Arbeitsentgelt ist grundsätzlich ein Bruttobetrag, von dem noch Lohnsteuer und Sozialversicherungsbeiträge abgehen. Was für den Einzelnen gilt, ergibt sich aus dem Arbeitsvertrag, dem Tarifvertrag oder auch aus dem Gesetz.

Mindestlohn

Das Mindestlohngesetz legt einen allgemeinen Mindestlohn fest, der regelmäßig angepasst wird. Der Mindestlohn gilt auch für befristet Beschäftigte und Minijobber. Einschränkungen gibt es für Langzeitarbeitslose in den ersten sechs Monaten der Beschäftigung und für jugendliche Arbeitnehmer ohne abgeschlossene Berufsausbildung und Praktikanten, die zur Orientierung für eine Berufsausbildung oder für die Aufnahme eines Studiums nicht länger als drei Monate im Betrieb tätig sind. Das Mindestlohngesetz legt eine mindestens zu zahlende Summe für jede Arbeitsstunde fest. Der Anspruch kann nicht einzel- oder tarifvertraglich unterschritten werden.
Neben dem Mindestlohngesetz gibt es weitere Regelungen. Für Leiharbeitnehmer ist der Mindestlohn im Arbeitnehmerüberlassungsgesetz geregelt. Auszubildende erhalten gemäß Berufsbildungsgesetz eine Mindestausbildungsvergütung und auch für Mitarbeiterinnen und Mitarbeiter in der Pflege ist ein Mindestlohn vorgeschrieben.

Tarifliche Regelungen

Inwieweit sind Lohn und Gehalt bei der Einstellung verhandelbar? Hier ist zunächst die Frage zu klären, ob im Betrieb ein Tarifvertrag gilt. Das ist dann der Fall, wenn der Arbeitgeber Mitglied im Arbeitgeberverband ist oder selbst einen Haus- oder Firmentarifvertrag mit der Gewerkschaft abgeschlossen hat. Um Anspruch zu haben auf die tariflichen Leistungen, muss auch der Arbeitnehmer Mitglied in der tarifschließenden Gewerkschaft sein. Manche Arbeitgeber lehnen sich auch an einen Tarifvertrag an. Darüber hinaus gibt es die – eher seltene – Möglichkeit, dass das Bundesministerium für Arbeit und Soziales einen Tarifvertrag für allgemeinverbindlich erklärt hat. Dann gelten die Regelungen auch für nicht tarifgebundene Arbeitnehmer und Arbeitgeber.

Selma, eine Bekannte von Franzi, hatte sich auf eine freie Stelle in der Produktion bei der Irgendwo GmbH beworben. Natürlich wollte sie vorher gerne Genaueres über den Arbeitsplatz und die damit verbundene Bezahlung erfahren. Was lag näher, als Franzi zu fragen. »Sag mal, Franzi, bei euch gilt doch der Tarifvertrag der IG Metall. Bei meinem jetzigen Arbeitgeber verhandelt jeder seinen Lohn selbst. Ich bin deshalb auch nicht in der Gewerkschaft. Das bringt ja nichts. Wenn es bei euch mit der Stelle klappen sollte, muss ich dann Mitglied der IG Metall werden?« »Das wäre sehr sinnvoll. Uns ist es wichtig, dass möglichst viele Beschäftigte auch gewerkschaftlich organisiert sind. Genau genommen hast du nur als IG Metall-Mitglied einen Anspruch auf Leistungen aus dem Tarifvertrag, also auch auf das entsprechende Arbeitsentgelt – theoretisch jedenfalls. Praktisch ist es so, dass unser Arbeitgeber dir die Tarifleistungen arbeitsvertraglich gewährt. Es steht ein Passus in den Arbeitsverträgen, dass die Tarifverträge auf das Arbeitsverhältnis angewendet werden.« »Das ist aber nett von eurem Arbeitgeber!« »Nein, das ist nicht nett! Das hat auch nichts mit Gleichbehandlung zu tun, sondern schlicht und ergreifend damit, dass unser Arbeitgeber vermeiden möchte, dass jeder in die Gewerkschaft eintritt. Stell dir vor, du würdest gesetzlich nur den Mindestlohn bekommen und der Tarifvertrag verspricht dir mehrere Euro pro Stunde mehr Geld. Was würdest du tun?« »Puh, so habe ich das noch gar nicht gesehen. Stimmt, dann lohnt es sich, in die Gewerkschaft einzutreten.« »Nein, Selma, das lohnt sich immer. Ich will hier gar nicht im Einzelnen aufführen, was du noch für Vergünstigungen hast wie zum Beispiel den Rechtsschutz. Stell dir nur einmal vor, es gäbe keine Gewerkschaften oder es wäre niemand dort organisiert. Wo glaubst du wären wir mit unseren Arbeitsbedingungen? Gerade in Krisenzeiten würden die Arbeitgeber doch jede Möglichkeit nutzen, die Löhne zu drücken. Deshalb ist es immer wichtig, in der Gewerkschaft organisiert zu sein. Du hast vorhin gesagt, das würde bei dir im Betrieb nichts nützen, weil der Arbeitgeber nicht tarifgebunden ist. Da möchte ich auch widersprechen. Wenn du und deine Kolleginnen und Kollegen das einfach so akzeptieren, wird sich nie etwas ändern.« »Was sollen wir denn dagegen tun?«, möchte Selma wissen. »Nehmen wir an, ihr würdet euch in der Gewerkschaft organisieren. Dann könntet ihr Druck auf den Arbeitgeber ausüben, damit er einen Firmen- oder Haustarifvertrag abschließt. Freiwillig reißen sich die wenigstens Unternehmen darum. Sie brauchen da eine – sagen wir mal – kleine Motivationsspritze. Die Gewerkschaft kann zu Arbeitsniederlegungen aufrufen, um den Arbeitgeber entsprechend zu motivieren.«

Ist ein Tarifvertrag anzuwenden, sind die wesentlichen Vergütungsformen bereits geregelt. Das tarifvertragliche Arbeitsentgelt ist das mindestens zu zahlende Entgelt. Es darf nicht unterschritten werden. Vertraglich können Arbeitgeber und Arbeitnehmer vereinbaren, den Tariflohn aufzustocken, beispielsweise durch eine übertarifliche Zulage. Im Falle einer Tariferhöhung darf der Arbeitgeber diese Zulage allerdings anrechnen.
Gesetzlich gibt es keinen Anspruch auf Überstundenzuschläge, in den Tarifverträgen sind diese meist enthalten. Auch arbeitsvertraglich können solche Zuschläge vereinbart werden. Der Samstag gilt gesetzlich als normaler Werktag. Seine besondere Position hat er den Gewerkschaften zu verdanken. Ist die Arbeitszeit tarifvertraglich oder einzelvertraglich auf die Tage von Montag bis Freitag begrenzt, kann **Samstagsarbeit** nur in Form von Überstunden geleistet werden. Besteht keine tarifliche oder

vertragliche Regelung kann der Arbeitnehmer für Mehrarbeitsstunden nur sein normales Entgelt ohne Zuschläge verlangen oder einen entsprechenden Freizeitausgleich. Bei höherem Einkommen ist manchmal ein Teil der Überstunden – zum Beispiel zehn Stunden pro Monat – bereits mit dem Arbeitsentgelt abgegolten. Wichtig dabei ist, dass eine Obergrenze genannt wird, ansonsten verstößt die Klausel gegen das Transparenzgebot.
In Tarifverträgen sind die Tätigkeiten in bestimmte Entgeltgruppen eingeordnet. Meist wird darüber hinaus die Dauer der Betriebszugehörigkeit, die Berufserfahrung und die Vorbildung honoriert. Bei der Eingruppierung des Arbeitnehmers in eine Entgeltgruppe hat der Betriebsrat eine Richtigkeitskontrolle. Er muss prüfen, ob der Arbeitgeber die zu der vorgesehenen Tätigkeit passende Entgeltgruppe ausgewählt hat. Die konkrete sich aus der Eingruppierung ergebende Geldsumme ist nur beim Zeitlohn ersichtlich.

Zeit- und Leistungslohn

Beim Zeitlohn bestimmt sich die Höhe des Arbeitsentgelts ausschließlich nach der Dauer der geleisteten Arbeit.

> **Beispiel:**
> In einem Tarifvertrag ist die Entgeltgruppe K 4 mit einem Bruttogehalt von 2500 Euro hinterlegt. Der entsprechend eingruppierte Arbeitnehmer weiß nun, dass er Anspruch auf diese Summe hat, unabhängig davon, wie »fleißig« er während seiner Arbeitszeit war.

Anders verhält es sich beim Leistungslohn. Hier kann der Beschäftigte in einem gewissen Rahmen sein Entgelt mitbestimmen. Grundsätzlich wird unterschieden zwischen Akkord- und Prämienlohn. Beim Akkordlohn ist die vom Arbeitnehmer produzierte Menge entscheidend. Flexibler einsetzbar sind Prämien, da sie nicht an die Menge angeknüpft werden müssen, sondern beispielsweise auch eine qualitativ besonders hochwertige Arbeit oder sparsamen Gebrauch von Ressourcen honorieren können. Eine Form des Leistungslohns sind auch Zielvereinbarungen.

Fälligkeit und Auszahlung des Arbeitsentgelts

Wann das Arbeitsentgelt zu zahlen ist, regeln Kollektiv- oder Einzelverträge. Der Betriebsrat hat ein Mitbestimmungsrecht bei Zeit, Ort und Art der Auszahlung der Arbeitsentgelte.

Der Arbeitnehmer hat Anspruch auf eine Abrechnung in Textform, die mindestens Angaben über den Abrechnungszeitraum und die Zusammensetzung des Arbeitsentgelts enthalten muss. Diese Pflicht entfällt, wenn sich die Angaben gegenüber der letzten ordnungsgemäßen Abrechnung nicht verändert haben.

Tipp:
Zahlt der Arbeitgeber das Arbeitsentgelt verspätet, gerät er in Verzug. Der Arbeitnehmer kann nun Verzugszinsen verlangen.

Entgelttransparenzgesetz

Hören wir noch einmal in das Gespräch hinein, das Franzi mit ihrer Bekannten Selma führt. »Bekommen bei der Irgendwo GmbH Frauen und Männer für die gleiche Arbeit den gleichen Lohn?« »Bei uns erfolgt die Eingruppierung anhand der tariflichen Tätigkeitsfelder. Das ist natürlich für alle Geschlechter gleich.« »Bist du sicher? Wie ist das denn bei Zahlungen, die über den Tarifvertrag hinausgehen? Ich habe bei uns in der Firma schon den Eindruck, dass die Männer da besser wegkommen.« »Wir haben als Betriebsrat die Möglichkeit, uns die Bruttolöhne und -gehälter der Beschäftigten anzusehen und das tun wir auch regelmäßig, um zu prüfen, ob es Ungerechtigkeiten gibt. Ich weiß genau, was du meinst. In vielen Betrieben ist die Gleichbehandlung von Frauen und Männern leider nur Theorie. Vor einiger Zeit hat der Gesetzgeber das Entgelttransparenzgesetz erlassen. Vielleicht ist das auch wichtig für dich. Wenn du magst, erkläre ich dir kurz, was dahinter steckt ...«

Das Gesetz zur Förderung der Transparenz von Entgeltstrukturen, kurz Entgelttransparenzgesetz, hat zum Ziel, das Gebot des gleichen Entgelts für Frauen und Männer bei gleicher oder gleichwertiger Arbeit durchzusetzen. In Kraft getreten ist es im Juli 2017. Die zentrale Vorschrift ist ein individueller Auskunftsanspruch über Kriterien der Entgeltfindung, das durchschnittliche Bruttogehalt und zwei weitere Entgeltbestandteile einer sogenannten Vergleichsgruppe. Voraussetzung ist, dass der Betrieb in der Regel mehr als 200 Beschäftigte hat und dass mindestens sechs Beschäftigte des jeweils anderen Geschlechts der gleichen oder einer gleichwertigen Tätigkeit nachgehen. Ansprechpartner ist der Betriebsrat. Ist kein Betriebsrat gebildet, wenden sich die Beschäftigten direkt an den Arbeitgeber.

Geheimnis Gehalt?

Es ist kurz vor der Betriebsratssitzung bei der Irgendwo GmbH. Allmählich trudeln die Betriebsratsmitglieder ein und nutzen die Zeit für ein kurzes Gespräch. Fritz wirft eine interessante Frage in die Runde: »Ich habe mich gestern mit ein paar alten Schulfreunden getroffen und wir hatten eine spannende Diskussion über Geld. Durch unseren Tarifvertrag ist es einigermaßen transparent, was der Einzelne verdient. Aber was ist, wenn in einem Unternehmen jeder über sein Gehalt selbst verhandelt und du überhaupt keine Ahnung hast, was dein Kollege jeden Monat aufs Konto überwiesen bekommt. In der Situation ist mein Kumpel Udo. Also auf den Punkt gebracht: Dürfen Arbeitnehmer untereinander über ihr Gehalt sprechen?« »Klar, warum denn nicht?! Sie machen es bloß meistens nicht. Das ist ein Tabu-Thema in Deutschland«, meint ein Betriebsratsmitglied. Franzi ergänzt: »Die Arbeitgeber machen das doch sehr geschickt. Stell dir vor, Fritz bekommt 2500 Euro im Monat, Ali 2700 und Mona 2900 Euro. Jedem gibt der Arbeitgeber das Gefühl, das ›beste Pferd im Stall‹ zu sein. Um die anderen nicht neidisch zu machen, halten alle die Klappe.« »Und natürlich, um keinen Ärger zu bekommen.« »Schließlich will man ja auch in Zukunft eine Gehaltserhöhung«, ergänzen Mona und Ali. »Klar, das spielt alles eine Rolle. Das Ergebnis ist: Keiner weiß, was der andere verdient«, schlussfolgert Franzi. Fritz meint: »Ich möchte nochmals auf die Ausgangsfrage zurückkommen: Unabhängig davon, ob die Beschäftigten sich austauschen oder nicht – dürften sie es denn?« Die Betriebsratsvorsitzende mischt sich ein: »Ich denke ja, wie sollen sie sonst merken, dass sie nicht das ›beste Pferd im Stall‹ sind oder wenn doch, zumindest nicht den meisten Hafer bekommen. Hat es da nicht mal eine Gerichtsentscheidung gegeben? Wir können das gerne nachher noch prüfen. Jetzt aber lasst uns pünktlich mit der Sitzung beginnen.«

Arbeitsverträge enthalten häufig eine allgemeine Verschwiegenheitsklausel, die den Arbeitnehmer verpflichtet, über sensible Daten des Unternehmens Stillschweigen zu bewahren. Auch ohne eine solche vertragliche Regelung müssen Arbeitnehmer auf die Rechte und Interessen des Arbeitgebers Rücksicht nehmen. Das ergibt sich aus § 241 Abs. 2 Bürgerliches Gesetzbuch (BGB). Aber schaden Arbeitnehmer dem Unternehmen, wenn sie sich untereinander über ihr Arbeitsentgelt austauschen? Eine Verschwiegenheitspflicht besteht nur, wenn der Arbeitgeber ein berechtigtes Interesse daran begründen könnte. Das ist nur in Ausnahmefällen vorstellbar. Denn in der Regel handelt es sich hier nicht um ein Betriebs- oder Geschäftsgeheimnis, über das Stillschweigen zu bewahren ist. Die Arbeitnehmer sprechen über ihr Gehalt, nicht über die komplette Gehaltsstruktur des Unternehmens.

Selbst wenn der Arbeitsvertrag eine »extra Schweigeklausel« über das Entgelt beinhaltet, ist zweifelhaft, ob diese wirksam ist. Das Landesarbeitsgericht Mecklenburg-Vorpommern hat eine derartige arbeitsvertragliche Verschwiegenheitsklausel für unwirksam gehalten, da sie den Arbeitnehmer unangemessen benachteiligt (LAG Mecklenburg-Vorpommern 21.10.2009 – 2 Sa 183/09). Nach Ansicht der Richter muss jeder Arbeitnehmer frei über sein Gehalt reden können. Der Austausch unter Kollegen ist die einzige Möglichkeit zu überprüfen, ob der Arbeitgeber bei der Lohnhöhe den Gleichbehandlungsgrundsatz einhält.

8. Auflösung: Zulässige und unzulässige Fragen vor der Einstellung

1. *Ansteckende Krankheiten:* zulässig
2. *Anzahl der Kinder:* nicht zulässig
3. *Beruflicher Werdegang:* zulässig
4. *Familienstand:* nicht zulässig
5. *Gewerkschaftszugehörigkeit:* nur zulässig, wenn der Arbeitgeber eine Gewerkschaft ist
6. *Hobbys:* nicht zulässig
7. *Lohn- oder Gehaltspfändung:* nicht zulässig
8. *Krankheiten:* nur zulässig, wenn sie unmittelbar mit der Tätigkeit zu tun haben
9. *Parteizugehörigkeit:* nur zulässig, wenn der Arbeitgeber eine Partei ist
10. *Qualifikationen:* zulässig
11. *Religionszugehörigkeit:* nur zulässig, wenn der Arbeitgeber eine Kirche ist
12. *Schulabschluss:* zulässig
13. *Schwangerschaft:* nicht zulässig
14. *Schwerbehinderung:* umstritten, eher nicht zulässig
15. *Sexuelle Neigungen:* nicht zulässig
16. *Studium:* zulässig
17. *Vermögensverhältnisse:* Nur zulässig bei besonderer Vertrauensstellung mit größeren finanziellen Verfügungsbefugnissen oder der Gefahr der Bestechung oder des Geheimverrats.

18. *Vorstrafen:* Nur zulässig bei sachlichem Zusammenhang mit der Tätigkeit. Der Kassierer darf beispielsweise nach Vermögensdelikten gefragt werden, der Kraftfahrer nach Verkehrsdelikten.

9. Auflösung: Klauseln in Arbeitsverträgen

1. *Alle Reisezeiten sind pauschal mit der Bruttomonatsvergütung abgegolten.*
   Diese Regelung ist nicht transparent und damit unwirksam. Für den Arbeitnehmer muss ersichtlich sein, welche Reisetätigkeit in welchem Umfang abgegolten sein soll.
2. *Der Arbeitsvertrag gibt drucktechnisch hervorgehoben eine Befristung für die Dauer eines Jahres an sowie im weiteren Textverlauf ohne besondere Hervorhebung eine weitere Befristung zum Ablauf der sechsmonatigen Probezeit.*
   Hierbei handelt es sich um eine (nicht zulässige) überraschende Klausel gemäß § 305c Abs. 1 BGB.
3. *Im Arbeitsvertrag wird nur eine Kündigungsfrist genannt und keine gesonderte Kündigungsfrist für die Probezeit.*
   Das ist zulässig. Die genannte Kündigungsfrist gilt vom Beginn des Arbeitsverhältnisses an, also auch während der Probezeit.
4. *Das Arbeitsverhältnis endet spätestens, ohne dass es einer Kündigung bedarf, mit Ablauf des Monats, in dem der Arbeitnehmer die Regelaltersgrenze der gesetzlichen Rentenversicherung erreicht.*
   Die Regelung ist zulässig. Etwas anderes kann gelten bei Altersgrenzen unterhalb des gesetzlichen Rentenalters, da möglicherweise eine Diskriminierung wegen des Alters vorliegen kann.
5. *Der Arbeitgeber behält sich vor, dem Arbeitnehmer eine andere als die vertraglich vereinbarte Tätigkeit zuzuweisen.*
   Ist nicht gewährleistet, dass die andere Tätigkeit mindestens gleichwertig der bisherigen sein muss, stellt diese Klausel eine unangemessene Benachteiligung des Arbeitnehmers dar und ist nicht wirksam.
6. *Die Weihnachtsgratifikation ist zurückzuzahlen, wenn der Arbeitnehmer vor Ende des folgenden Kalenderjahres ausscheidet.*
   Diese Formulierung ist zu weit gefasst und unwirksam. Eine Stichtagsregelung, die unabhängig von der Höhe der Zahlung den Arbeitnehmer so lange bindet, benachteiligt ihn unangemessen. Bei der Rückzahlungsverpflichtung von Fortbildungskosten kommt es auf die Dauer des Lehrgangs an.

7. *Dem Arbeitnehmer ist es nicht erlaubt, eine Nebentätigkeit auszuüben.* Der Arbeitgeber muss im Sinne der Berufsfreiheit nach Artikel 12 Grundgesetz (GG) bzw. des Rechts auf freie Entfaltung der Persönlichkeit nach Artikel 2 Abs. 1 GG seine Zustimmung zu einer Nebentätigkeit erteilen, wenn die Tätigkeit im Hauptarbeitsverhältnis nicht darunter leidet, keine entgegenstehenden Wettbewerbsinteressen des Arbeitgebers berührt werden und keine Schwarzarbeit vorliegt. Ein Arbeitnehmer einer Versicherungsgesellschaft dürfte keine Versicherungsagentur betreiben und somit in Konkurrenz zum Arbeitgeber treten.
8. *Alle Ansprüche aus dem Arbeitsverhältnis müssen innerhalb einer Frist von vier Wochen nach Fälligkeit schriftlich gegenüber der anderen Vertragspartei geltend gemacht werden, ansonsten verfallen sie.*
   Es handelt sich um eine sogenannte Ausschlussfrist. Nach deren Ablauf erlischt ein Recht, sofern es nicht innerhalb der Frist geltend gemacht wird. In Arbeitsverträgen dürfen Ausschlussfristen für die außergerichtliche und die gerichtliche Geltendmachung der Ansprüche drei Monate nicht unterschreiten. Die Vier-Wochen-Regelung ist zu kurz.

II. Arbeitsplatzwechsel innerhalb des Betriebs

1. Innerbetriebliche Stellenausschreibung

Im Betriebsratsbüro: Fritz schreibt gerade das Protokoll der letzten Betriebsratssitzung als das Telefon klingelt. Am anderen Ende der Leitung ist Wiebke. Sie hat eine gestern im Unternehmen veröffentlichte Stellenausschreibung gesehen und interessiert sich für den Job. »Hallo Fritz, ich arbeite im Moment in der Arbeitsvorbereitung und würde mich gerne auf den freien Arbeitsplatz in der Qualitätssicherung bewerben. Weißt du, ob schon jemand für die Stelle vorgesehen ist?« »Soweit ich weiß, nein.« »Manchmal ist es ja so, dass der Arbeitsplatz schon vergeben ist und die Stelle trotzdem noch ausgeschrieben wird, oder täusche ich mich da?« »Nein, Wiebke, leider nicht. Manchmal ist das tatsächlich so, dass der Arbeitgeber schon jemanden sehr intensiv ins Auge gefasst hat und die Ausschreibung mehr oder weniger nur Formsache ist.« »Warum wird die Stelle denn dann überhaupt noch ausgeschrieben? Da bewerben sich doch dann Leute wie ich in der Hoffnung, dass sie Chancen haben und dabei ist der Drops längst schon gelutscht. Das ist doch frustrierend.« »Du hast völlig recht, Wiebke. Allerdings ist der Arbeitgeber verpflichtet, bei uns eingesetzte Leiharbeitnehmer und auch befristet Beschäftigte über zu besetzende Arbeitsplätze zu informieren. Dieser Verpflichtung kommt er mit der Ausschreibung nach. Würde er nur diese Personengruppen gesondert informieren, könnten die sich bewerben, alle anderen aber nicht, weil sie nichts von dem freien Arbeitsplatz wüssten. Das wäre doch auch komisch.« »Hm ja, das leuchtet mir ein. Davon habe ich nichts gewusst.« »Also, Wiebke, versuche doch einfach dein Glück mit der Stelle. Wenn du noch Fragen hast oder Unterstützung bei der Bewerbung möchtest, sprich mich oder jemand anderen vom Betriebsrat gerne an.«

Hintergrundinformation:
Der Entleiher muss die Leiharbeitnehmer über die bei ihm zu besetzenden Arbeitsplätze informieren. Dies kann er durch allgemeine

Bekanntgabe an geeigneter, den Leiharbeitnehmern zugänglicher Stelle tun.
Nach § 18 Teilzeit- und Befristungsgesetz (TzBfG) muss der Arbeitgeber die befristet beschäftigten Arbeitnehmer über entsprechende unbefristete Arbeitsplätze informieren, die besetzt werden sollen. Die Information kann durch allgemeine Bekanntgabe an geeigneter, den Arbeitnehmern zugänglicher Stelle im Betrieb und Unternehmen erfolgen.

Wer sich innerhalb des Betriebs oder des Unternehmens verändern möchte, muss zunächst einmal wissen, welche Arbeitsplätze frei sind oder frei werden. Eine innerbetriebliche Ausschreibung ist eine allgemeine Aufforderung an alle oder an eine bestimmte Gruppe von Beschäftigten, sich zu bewerben. Die Arbeitnehmer des Betriebs haben lediglich die Chance, aber nicht das Recht auf die Stelle. Es sei denn, es gibt eine Vereinbarung im Betrieb, nach der innerbetriebliche Bewerber Vorrang haben.
Aus der Stellenausschreibung muss mindestens hervorgehen, welcher Arbeitsplatz besetzt werden soll und welche Anforderungen die Bewerber erfüllen müssen. Die Ausschreibung hat diskriminierungsfrei zu erfolgen. Ein Verstoß hiergegen kann zu Schadensersatz- und Entschädigungsansprüchen abgelehnter Bewerberinnen und Bewerber führen. Der Arbeitgeber muss einen Arbeitsplatz auch als **Teilzeitarbeitsplatz** ausschreiben, wenn der Arbeitsplatz sich hierfür eignet. Das gilt sowohl für die interne als auch für eine öffentliche Ausschreibung. Eine bestimmte Form der innerbetrieblichen Bekanntmachung ist gesetzlich nicht vorgeschrieben. Es genügt, wenn die Ausschreibung beispielsweise am Schwarzen Brett hängt oder über das Intranet veröffentlicht wird. Der Ausschreibungszeitraum sollte mindestens zwei Wochen betragen.

Rechte des Betriebsrats

Der Betriebsrat hat das Recht, die innerbetriebliche Ausschreibung allgemein oder für bestimmte Arten von Tätigkeiten zu verlangen. Schreibt der Arbeitgeber eine Stelle dennoch nicht aus, kann der Betriebsrat die spätere Einstellung oder Versetzung ablehnen. Gleiches gilt bei nicht korrekter – beispielsweise diskriminierender – Ausschreibung und auch, wenn der Arbeitgeber den Arbeitsplatz nicht als Teilzeitarbeitsplatz ausschreibt, obwohl er sich dafür eignet. Ist nichts anderes vereinbart, darf der Arbeitgeber zeitgleich zur internen Ausschreibung auch außerhalb des Betriebs nach einem geeigneten Kandidaten suchen. Allerdings darf er hierbei keine geringeren Anforderungen an die Bewerber stellen.

Beispiel:
In der innerbetrieblichen Stellenausschreibung heißt es: »Voraussetzung sind sehr gute Englisch- und Spanischkenntnisse in Wort und Schrift«. Gleichzeitig veröffentlicht das Unternehmen in der Tageszeitung eine Anzeige mit niedrigeren Anforderungen: »Gute bis sehr gute Englisch- und Spanischkenntnisse sind von Vorteil.« Die an die bereits im Betrieb beschäftigten potenziellen Bewerber höheren Anforderungen haben möglicherweise dazu geführt, dass sich Arbeitnehmer mit guten Fremdsprachenkenntnissen erst gar nicht beworben haben.

2. Versetzung

Jan, ein Mitarbeiter aus dem Einkauf, stürmt ziemlich aufgeregt ins Betriebsratsbüro. »Hallo, Franzi, entschuldige, dass ich hier so hereinplatze. Mein Chef hat mir gerade angedroht, dass ich in Zukunft in unserer Außenstelle arbeiten soll.« »Hallo Jan, setze dich doch erst einmal. Möchtest du einen Kaffee oder ein Wasser?« »Vielen Dank, nein. Ich muss auch gleich wieder in die Abteilung. Also, ich hatte heute früh das jährliche Mitarbeitergespräch mit meinem Chef. Eigentlich keine große Sache, dachte ich. Ich hatte vor einem halben Jahr eine Zusatzqualifikation für meinen Job erworben und die im letzen Jahr vereinbarten Ziele weitestgehend erreicht. Deshalb hat mich die Ankündigung meines Chefs, dass im Einkauf demnächst mein Arbeitsplatz entfallen würde, wie aus heiterem Himmel getroffen. So, und jetzt kommt der Hammer: Er meinte, ich solle mir keine großen Sorgen machen. Im Verkauf in unserer Außenstelle würde jemand gesucht – 120 km entfernt. Ich wohne hier, habe Familie, meine Frau ist berufstätig. Ich habe spontan gesagt, ich könnte nicht dorthin gehen. Daraufhin sagte dieses A…loch doch tatsächlich wortwörtlich: ›Sie brauchen nicht zu gehen. Sie können selbstverständlich fahren‹. Da fiel mir echt nichts mehr ein.« »Der Kommunikationsstil deines Chefs ist absolut unmöglich. So kann man mit seinen Mitarbeitern nicht umgehen. Damit es keine solchen Entgleisungen oder bösen Überraschungen gibt, werben wir immer wieder dafür, dass ihr jemanden vom Betriebsrat zu den Gesprächen mitnehmt.«

Tipp:
Arbeitnehmer können vom Arbeitgeber verlangen, dass ihnen die Berechnung und Zusammensetzung ihres Arbeitsentgelts erläutert wird und dass mit ihnen die Beurteilung ihrer Leistungen sowie die Möglichkeiten ihrer beruflichen Entwicklung im Betrieb erörtert werden. In Betrieben mit

Betriebsrat kann der Beschäftigte ein – von ihm ausgewähltes – Mitglied dieses Gremiums hinzuziehen. Diese Möglichkeit sollten Arbeitnehmer nutzen. Welche Rolle dem Betriebsratsmitglied dabei zufällt, ist Vereinbarungssache. Es kann lediglich als Zeuge teilnehmen, das Gespräch mitgestalten oder nur in »brenzligen« Situationen eingreifen. Das entsprechende Betriebsratsmitglied unterliegt einer weitreichenden Schweigepflicht, die auch innerhalb des Betriebsrats gilt.

»Ja, du hast recht. Ich erinnere mich, das war noch Thema bei der letzten Betriebsversammlung. Ich glaube einfach, viele von uns Kaufleuten meinen, alles auch ohne Betriebsrat regeln zu können. Zu der Sorte gehörte ich bis vorhin auch. Hilfst du mir trotzdem?« »Natürlich Jan, welch eine Frage. Dafür sind wir doch da. Wir wollen uns auf die Fakten konzentrieren. Es stimmt, dass der Arbeitgeber plant, in etwa sechs Monaten eine Stelle im Einkauf zu streichen. Ob dich das betrifft, kann ich dir im Moment nicht sagen. Wir haben bisher keine konkrete Maßnahme dazu auf dem Tisch, und die Personalabteilung ist uns auch noch die Antwort schuldig, wie die Arbeit neu verteilt werden soll. Ob der Arbeitgeber dich einfach versetzen kann, hängt von deinem Arbeitsvertrag ab. Was steht da konkret drin über Arbeitsplatz und Einsatzort?« »Das weiß ich auswendig nicht. Ich schaue heute Abend zu Hause nach.« »Gut, wichtig für dich zu wissen ist, dass wir als Betriebsrat der Versetzung auch noch zustimmen müssen, egal ob dein Arbeitsvertrag einen Stellenwechsel zulässt oder nicht.« Jan ist ein bisschen beruhigt und will am nächsten Tag wiederkommen.

Eine **Versetzung** ist eine nicht nur vorübergehende Zuweisung eines anderen Arbeitsplatzes. Ob der Arbeitgeber einem Arbeitnehmer im Rahmen seines Direktionsrechts einfach einen anderen Arbeitsplatz zuweisen kann, hängt vom Inhalt des Arbeitsvertrags ab.
Vergleichen Sie folgende Formulierungen:

1. »Sie werden beschäftigt als kaufmännischer Mitarbeiter in unserem Unternehmen.«
2. »Sie werden beschäftigt als kaufmännischer Mitarbeiter am Standort A unseres Unternehmens.«
3. »Sie werden beschäftigt als kaufmännischer Mitarbeiter im Einkauf in unserem Unternehmen.«
4. »Sie werden beschäftigt als kaufmännischer Mitarbeiter im Einkauf am Standort A unseres Unternehmens.«

Bei der ersten Formulierung kann der Arbeitgeber dem Arbeitnehmer grundsätzlich alle kaufmännischen Tätigkeiten im Unternehmen zuweisen. Die letzte Formulierung hingegen bezeichnet den Arbeitsplatz sehr konkret. Der Mitarbeiter ist im Einkauf am Standort A eingesetzt. Der Arbeitgeber kann ihn gegen seinen Willen nicht in eine andere Abteilung oder an einen anderen Standort versetzen. In der betrieblichen Praxis sind die Formulierungen meist möglichst unkonkret, damit der Arbeitgeber sein Direktionsrecht bei der Zuweisung einer anderen Tätigkeit ausschöpfen kann.

Vorsicht Falle:
Manche Arbeitsverträge enthalten einen sogenannten Versetzungsvorbehalt. Damit wird vereinbart, dass der Arbeitnehmer auch vorübergehend oder auf Dauer an einem anderen Ort eingesetzt werden kann.

Dem Weisungsrecht des Arbeitgebers sind auch bei einem Versetzungsvorbehalt Grenzen gesetzt. Die Leistungsbestimmung des neuen Arbeitsortes muss nach billigem Ermessen erfolgen. Dabei sind die Interessen von Arbeitnehmer und Arbeitgeber abzuwägen. In diese Abwägung werden alle Umstände des Einzelfalls einbezogen. Hierzu gehören die Vorteile einer Regelung, die Risikoverteilung zwischen den Vertragsparteien, die beiderseitigen Bedürfnisse, außervertragliche Vor- und Nachteile, Vermögens- und Einkommensverhältnisse und die sozialen Lebensverhältnisse wie familiäre Pflichten und Unterhaltsverpflichtungen. Bei seiner Ermessensausübung muss der Arbeitgeber auch Rücksicht auf Behinderungen nehmen.

Tipp:
Lässt der Inhalt des Arbeitsvertrages eine Versetzung aufgrund des Direktionsrechts nicht zu, benötigt der Arbeitgeber die Zustimmung des Arbeitnehmers.

Eine Versetzung ist unzulässig, wenn der Arbeitnehmer damit gemaßregelt werden soll. Nach dem im Bürgerlichen Gesetzbuch verankerten allgemeinen **Maßregelungsverbot** darf der Arbeitgeber einen Arbeitnehmer bei einer Vereinbarung oder Maßnahme nicht benachteiligen, weil er in zulässiger Weise seine Rechte ausübt.

Beispiel:
Ein Arbeitnehmer beschwert sich über seine Vorgesetzte und soll deshalb versetzt werden.

Wie geht die Geschichte mit Jan weiter? Am nächsten Tag kommt er mit seinem Arbeitsvertrag erneut zu Franzi ins Betriebsratsbüro. Er ist als kaufmännischer Angestellter im Unternehmen beschäftigt. »Diese Formulierung ermöglicht es dem Arbeitgeber, dich auch im Verkauf einzusetzen und unter Umständen auch in unserer 120 km entfernten Außenstelle, sofern dir das zumutbar ist aufgrund deiner persönlichen Situation.« »Oh je!« »Entspann dich. Es ist nicht so schlimm, wie es vielleicht klingt. Wir sind ja auch noch da. …«

Home- und Mobile-Office

Plötzlich ging alles ganz schnell. Im Zuge der Corona-Pandemie fanden sich viele Arbeitnehmerinnen und Arbeitnehmer von jetzt auf gleich im »Home-Office« wieder.

Im Betriebsratsbüro der Irgendwo GmbH geht eine E-Mail ein. Ein Mitarbeiter schreibt: »Während des Corona-Lockdowns hat der Arbeitgeber mich kurzerhand ins Home-Office versetzt. Ich habe dies wie die meisten anderen aufgrund der Situation akzeptiert, obwohl die Arbeitsbedingungen zu Hause am Küchentisch alles andere als gut waren. Nun habe ich gelesen, dass der Arbeitgeber mich gar nicht einfach so nach Hause versetzen durfte. Ist das richtig?« Fritz und Franzi erinnern sich. »Ja Franzi, das war echt schwierig. Wir waren genauso überrascht von der Pandemie und ihren Konsequenzen wie der Arbeitgeber. Die Maßnahme, möglichst wenige Leute zeitgleich im Betrieb arbeiten zu lassen, um die Ansteckungsgefahr zu reduzieren, war vernünftig. Es musste schnell gehen. Deshalb haben wir mitgezogen. Aber der Arbeitnehmer hat völlig recht. Die Tätigkeit im Home-Office muss zwischen Arbeitgeber und Arbeitnehmer vereinbart werden. Einfach so kann der Arbeitgeber das nicht anordnen, sofern es keine Regelung dazu im Arbeitsvertrag gibt. Die gesetzliche Verpflichtung, wenn möglich im Home-Office zu arbeiten, kam erst im Laufe der Pandemie. Im Tarifvertrag steht auch nichts und eine Betriebsvereinbarung hatten wir am Anfang ebenfalls noch nicht.« »Ja Fritz, wir haben das als Betriebsrat viel diskutiert. Das Wort Home-Office war plötzlich in aller Munde. Jeder war im Home-Office, nicht nur bei uns, sondern auch in anderen Unternehmen. Der Begriff ist inflationär gebraucht worden und entsprach meist nicht der Arbeitssituation. Unseren Beschäftigten ist vom Arbeitgeber kein Arbeitsplatz zu Hause eingerichtet worden. Sie haben ein Notebook bekommen und das war es. Das ist Mobile-Office und kein Telearbeitsplatz.«

Hintergrundinformation:
Es gibt gravierende Unterschiede zwischen **Telearbeit** und **mobiler Arbeit**. Bei der Telearbeit richtet der Arbeitgeber dem Arbeitnehmer in dessen Privatwohnung einen Arbeitsplatz ein, der den Standards der Arbeitsstättenverordnung entspricht. Zudem muss der Arbeitgeber vor der erstmaligen Einrichtung eine Gefährdungsbeurteilung durchgeführt haben. Die mobile Arbeit hingegen ist an keinen Arbeitsplatz gebunden. Der Arbeitnehmer kann selbst entscheiden, wo er arbeitet, also beispielsweise auch in einem Café. Das schließt die Arbeit am heimischen Küchentisch nicht aus. Dennoch liegt keine Telearbeit vor. Die **Arbeitsstättenverordnung** samt ihrem Anhang zu Bildschirmarbeitsplätzen muss beim mobilen Arbeiten nicht beachtet werden.
Der Betriebsrat hat gemäß § 87 Abs. 1 Nr. 14 BetrVG ein **Mitbestimmungsrecht** bei der Ausgestaltung von mobiler Arbeit.
Ein gesetzlicher Anspruch auf Telearbeit oder mobile Arbeit besteht für Beschäftigte grundsätzlich nicht.

Beteiligung des Betriebsrats bei Versetzungen

Genau wie bei der Einstellung auch, muss der Betriebsrat vor jeder Versetzung beteiligt werden. Er hat verschiedene Gründe zur Auswahl, um die Maßnahme abzulehnen. Wann eine mitbestimmungspflichtige Versetzung vorliegt, regelt § 95 Abs. 3 BetrVG: »*Versetzung im Sinne dieses Gesetzes ist die Zuweisung eines anderen Arbeitsbereichs, die voraussichtlich die Dauer von einem Monat überschreitet, oder die mit einer erheblichen Änderung der Umstände verbunden ist, unter denen die Arbeit zu leisten ist. Werden Arbeitnehmer nach der Eigenart ihres Arbeitsverhältnisses üblicherweise nicht ständig an einem bestimmten Arbeitsplatz beschäftigt, so gilt die Bestimmung des jeweiligen Arbeitsplatzes nicht als Versetzung.*«
Der letzte Satz bezieht sich beispielsweise auf Monteure oder Springer im Produktionsbetrieb. Der Arbeitsbereich umfasst den Ort der Arbeitsleistung, die Art der Tätigkeit und die Einordnung in die betriebliche Organisation, also letztlich den konkreten Arbeitsplatz.
Die **Zuweisung eines anderen Arbeitsbereichs** liegt vor, wenn sich das Gesamtbild der bisherigen Tätigkeit so verändert, dass die neue Tätigkeit vom Standpunkt eines mit den betrieblichen Verhältnissen vertrauten Beobachters als eine »andere« anzusehen ist. Die Veränderungen müssen über ein übliches Schwankungsmaß hinausgehen. Nach der Rechtsprechung des Bundesarbeitsgerichts können **vier Typen** von Veränderungen

des Arbeitsbereichs bzw. Arbeitsplatzes eine Versetzung im Sinne des § 95 Abs. 3 BetrVG bedeuten:

- Arbeitsort (Beispiel: Tätigkeit in einer anderen Stadt)
- Arbeitsaufgabe und -inhalt (Beispiel: Zuweisung einer neuen Arbeitsaufgabe)
- Platz in der betrieblichen Organisation (Beispiel: Wechsel der Abteilung)
- Arbeitsumstände (Beispiel: Änderung der Umwelteinflüsse wie Hitze, Lärm usw.)

Auch die ausdrückliche oder schleichende Übertragung oder der Entzug von wesentlichen Aufgaben, können eine Versetzung darstellen.

> **Hinweis:**
> Auch die Versetzung ins Home-Office ist eine Versetzung im Sinne des § 95 Abs. 3 BetrVG und löst die Beteiligungsrechte des Betriebsrats aus.

»Also, ich habe das jetzt so verstanden, dass ihr meiner Versetzung widersprechen könnt, beispielsweise weil ich Nachteile erleide, die nicht gerechtfertigt sind. Und was passiert dann?« »Nichts, im besten Fall passiert nichts – dir jedenfalls nicht. Wenn wir die Zustimmung zu deiner Versetzung verweigern, darf der Arbeitgeber dich nicht versetzen.« »Wenn ihr zustimmt oder wenn es gar keinen Betriebsrat geben würde, müsste ich gehen?« »Genau, weil dein Arbeitsvertrag dem Arbeitgeber die Möglichkeit gibt, dir eine andere gleichwertige Tätigkeit zuzuweisen. Allerdings wäre noch näher zu prüfen, ob dich die Maßnahme nicht zu hart trifft und ob du bei einem Stellenabbau auch wirklich derjenige wärst, der versetzt werden müsste.« »Ihr stimmt doch nicht zu, oder?«, will sich Jan vergewissern. Franzi schmunzelt: »Keine Angst, wir haben in der Regel kein Interesse daran, gegen den Willen des Betroffenen zu entscheiden.« »Was heißt ›in der Regel‹?« »Okay, nehmen wir ein anderes Beispiel: Stell dir vor, du arbeitest in einer Abteilung, in der die Arbeitnehmer seit geraumer Zeit sehr viele Überstunden machen. Ein Ende ist nicht in Sicht. Deine Kinder kennst du nur noch vom Foto, weil sie schon schlafen, wenn du endlich nach Hause kommst. Dann hörst du von einem freien Arbeitsplatz in einem anderen Bereich – mit normalen Arbeitszeiten – und bewirbst dich dort. Der Arbeitgeber hat nichts gegen diese Versetzung und bittet uns um Zustimmung. Nun sind wir in der Zwickmühle. Einerseits können wir deinen Versetzungswunsch gut verstehen, andererseits hätte dein Weggang negative Konsequenzen für deine jetzigen Kolleginnen und Kollegen. Die müssten deine Arbeit dann noch miterledigen. Dein Vorteil wäre ihr Nachteil. Da wir

als Betriebsrat nicht nur für den Einzelnen zuständig sind, sondern auch das Ganze sehen müssen, könnten wir deiner Versetzung nicht guten Gewissens zustimmen.« »Was würde denn dann passieren?« »Also erst einmal würden wir schon im Vorfeld versuchen, eine so starke Belastung der Beschäftigten zu verhindern. Wäre das – warum auch immer – nicht geglückt, würden wir die Zustimmung zu deiner Versetzung davon abhängig machen, dass für dich mindestens zwei oder drei Leute in die Abteilung kommen, um die anscheinend zu geringe Mitarbeiterzahl auszugleichen. Leider haben wir kein Mitbestimmungsrecht bei der Personalplanung, also beispielsweise bei der Festlegung der Anzahl der Arbeitnehmer. Darüber entscheidet der Arbeitgeber allein. Wir können hier nur auf Umwegen korrigierend auf seine Vorstellungen einwirken, beispielsweise durch das Ablehnen von Überstunden oder von Personalentscheidungen, die die Situation noch verschlimmern.«

Hintergrundinformation:
Das »Zusammenspiel« zwischen Individualrecht und Kollektivrecht wird bei der Versetzung sehr gut sichtbar. Die handelnden Personen beim Individualrecht sind Arbeitgeber und Arbeitnehmer. Grundlage ist der Arbeitsvertrag. Beim betriebsverfassungsrechtlichen Versetzungsbegriff hat es der Arbeitgeber mit dem Betriebsrat zu tun. Grundlage ist das Betriebsverfassungsgesetz. § 95 Abs. 3 BetrVG definiert, was eine Versetzung ist, § 99 BetrVG enthält die Unterrichtungspflichten des Arbeitgebers und die Handlungsmöglichkeiten der Interessenvertretung. Der Betriebsrat kann seine Zustimmung zur Versetzung auch dann verweigern, wenn der Arbeitnehmer arbeitsvertraglich verpflichtet wäre, die geänderten Arbeitsbedingungen zu akzeptieren.

3. Änderungskündigung

Hören wir noch einmal zu, wie das Gespräch zwischen dem Arbeitnehmer Jan und dem Betriebsratsmitglied Franzi weitergeht. Jans Neugier ist geweckt. »Sag, mal Franzi, was wäre denn, wenn in meinem Arbeitsvertrag stehen würde, dass ich als Kaufmännischer Angestellter im Einkauf eingesetzt werde. Dann könnte der Arbeitgeber mich doch nicht einfach in den Verkauf versetzen, oder?« »Das stimmt. Möglicherweise würde er dann nach dem Motto ›Bist du nicht willig, so brauche ich Gewalt‹ verfahren und eine Änderungskündigung aussprechen.«

Eine Änderungskündigung ist die Kündigung des Arbeitsverhältnisses, verbunden mit einem Angebot, das Arbeitsverhältnis zu geänderten Bedingungen fortzusetzen. Vorrangiges Ziel ist nicht die Beendigung der Vertragsbeziehung, sondern deren Umgestaltung. Meist will der Arbeitgeber über eine Änderungskündigung die Bedingungen für den Beschäftigten verschlechtern. Denn wäre der Arbeitnehmer mit den neuen Konditionen einverstanden, bräuchte es die Änderungskündigung nicht. Die häufigste Form der Änderungskündigung ist die betriebsbedingte ordentliche Änderungskündigung.

Beteiligung des Betriebsrats

Die Änderungskündigung beinhaltet häufig eine Versetzung und/oder Umgruppierung. Der Betriebsrat kann die Zustimmung zu beiden Maßnahmen verweigern mit der Folge, dass der Arbeitgeber die Versetzung nicht durchführen darf. Zudem ist der Betriebsrat zur Kündigung anzuhören. Er hat fünf Gründe zur Verfügung, um der Kündigung zu widersprechen. Das genaue Verfahren wird im Kapitel »Kündigung« ab Seite 59 erläutert.

Handlungsmöglichkeiten des Arbeitnehmers

Der Arbeitnehmer hat **drei verschiedene Möglichkeiten**, auf die Änderungskündigung zu reagieren:

1. Er kann das Änderungsangebot ablehnen. Das entspricht einem klaren »Nein« zu den Änderungen. Das Arbeitsverhältnis endet mit Ablauf der Kündigungsfrist. Der Arbeitnehmer kann innerhalb von drei Wochen ab Zugang der Kündigung beim Arbeitsgericht Kündigungsschutzklage erheben.
2. Der Arbeitnehmer nimmt das Änderungsangebot an. Hiermit sagt er bedingungslos »Ja« zu den Änderungen. Bis zum Ende der Kündigungsfrist ist er zu den alten, danach zu den geänderten Bedingungen beschäftigt.
3. Der Arbeitnehmer nimmt das Angebot unter Vorbehalt an. Er sagt »Ja, aber«. Bis zum Ende der Kündigungsfrist ist er zu den alten, danach zu den geänderten Bedingungen beschäftigt, soweit entspricht die Variante der Annahme. Jetzt kommt das Aber. Innerhalb von drei Wochen nach Zugang der Änderungskündigung kann der Arbeitnehmer Änderungsschutzklage beim Arbeitsgericht einreichen, um die soziale Rechtfertigung der Kündigung prüfen zu lassen.

Tipp:
Will der Arbeitnehmer den Bestand des Arbeitsverhältnisses nicht riskieren, aber auch die Änderungen nicht auf Dauer akzeptieren, dann sollte er die Annahme unter Vorbehalt erklären und die Änderungen gerichtlich überprüfen lassen.

III. Aufhebungsvertrag

Durch einen Aufhebungsvertrag verständigen sich Arbeitgeber und Arbeitnehmer darauf, ihre Arbeitsbeziehung in beidseitigem Einvernehmen – mit oder ohne Zahlung einer Abfindung – zu beenden. Aufhebungsverträge bedürfen der Schriftform, um wirksam zu sein.
Zu unterscheiden sind Aufhebungsverträge von sogenannten **Abwicklungsverträgen**, in denen die Parteien vereinbaren, zu welchen Bedingungen der Arbeitnehmer ausscheidet. Vorausgegangen ist eine arbeitgeberseitige Kündigung. Im Abwicklungsvertrag kann beispielsweise geregelt sein, wie und wann ein Dienstwagen zurückgegeben, ob ein Arbeitnehmer während der Kündigungsfrist freigestellt oder ob eine Abfindung gezahlt wird und der Arbeitnehmer im Gegenzug auf eine Kündigungsschutzklage verzichtet.

Nicht immer willigen Arbeitnehmer so ganz freiwillig in einen Aufhebungsvertrag ein, wie Fritz zu berichten weiß. »Fritz, du siehst etwas verschlafen aus. Ist alles okay?«, erkundigt sich Franzi nach dem Befinden ihres Kollegen.« »Danke der Nachfrage, der Eindruck täuscht nicht. Ich hatte gestern Abend noch ziemlich lange Besuch von einem guten Freund. Andreas arbeitet im Einzelhandel. Gestern hat ihn der Filialleiter zu sich gerufen. Die Bezirksleiterin war auch dabei. Angeblich hätte Andreas zwei Dosen Ravioli aus dem Lagerbestand genommen, ohne sie in die Liste der Personaleinkäufe einzutragen. Filialleiter und Bezirksleiterin haben ihn ziemlich unter Druck gesetzt. Sie würden von einer fristlosen Kündigung und einer Strafanzeige absehen, wenn er den Aufhebungsvertrag unterschreibe. Die beiden hatten schon alles vorbereitet. Es fehlte nur noch Andreas‹ Unterschrift. Der war ganz verdutzt, meinte er hätte die Ravioli nicht genommen. Zum Glück hat er nicht unterschrieben und einen Tag Bedenkzeit verlangt. Danach hat er mich sofort angerufen und gefragt, ob er noch vorbeikommen könne.«

Vorsicht Falle:
Der Arbeitnehmer kann in aller Regel von einem unterschriebenen Aufhebungsvertrag nicht mehr zurücktreten. Einige Tarifverträge sehen allerdings eine Widerrufsmöglichkeit vor.

»Welch ein abgekartetes Spiel!«, empört sich Franzi, »kommt der Arbeitgeber damit denn durch?« »Die Ravioli-Dosen fehlten wohl tatsächlich und angeblich hat ein Arbeitskollege gesehen, wie Andreas sie an sich genommen hat. Ich glaube eher, dass da ein mieses Spiel läuft, um Andreas loszuwerden. Eine Kündigung auszusprechen, war dem Filialleiter anscheinend zu riskant. Man munkelt, die Filiale soll geschlossen werden, alle Mitarbeiter haben wohl einen Übernahmeanspruch in andere Filialen. Je weniger noch da sind, ...« »Verstehe, wahrscheinlich verfügt dein Freund über eine lange Betriebszugehörigkeit und kann wegen der Schließung nicht so einfach rausgeschmissen werden.« »So, ist es.« »Wie geht es denn nun weiter, Fritz?« »Es soll heute ein weiteres Gespräch geben. Ich habe Andreas geraten, seinem Vorgesetzten zu sagen, dass er sich hat beraten lassen und auf keinen Fall unterschreiben wird. Mal sehen, was passiert.«

Tipp:
Wie sollten Arbeitnehmer sich verhalten, wenn der Arbeitgeber sie zum Gespräch bittet?

- Dem Arbeitgeber möglichst den Überraschungseffekt nehmen und den Grund für das Gespräch vorab erfragen.
- In Betrieben mit Betriebsrat: Ein Betriebsratsmitglied hinzuziehen. Arbeitgeber, die nichts Schlimmes im Schilde führen, werden damit kein Problem haben. Schwerbehinderte Arbeitnehmer können die Schwerbehindertenvertretung hinzuziehen, falls vorhanden.
- Ruhig bleiben, sich nicht unter Druck setzen lassen.
- Erst einmal nur zuhören, möglichst keine Stellungnahme abgeben.
- Um Bedenkzeit bitten – auf keinen Fall sofort etwas unterschreiben.
- Nach dem Gespräch: Sich beraten mit dem Betriebsrat, der Schwerbehindertenvertretung, einer Vertrauensperson, der Gewerkschaft, einem Fachanwalt für Arbeitsrecht, der Familie, Freunden, eventuell mit einem Steuerberater.
- Alle Konsequenzen abwägen wie eine eventuelle Sperre beim Arbeitslosengeld, die Chancen auf dem Arbeitsmarkt usw. und dann erst entscheiden.

Vorteile und Risiken

Der Aufhebungsvertrag bringt vor allem dem Arbeitgeber Vorteile. Er kann sich aus dem Vertrag lösen, ohne eine Kündigungsschutzklage mit

ungewissem Ausgang befürchten zu müssen. Da das Arbeitsverhältnis ohne Kündigung endet, **verliert** der Arbeitnehmer jeglichen **Kündigungsschutz**. Das gilt auch für die besonderen Vorschriften bei der Kündigung von Schwangeren, Schwerbehinderten oder Arbeitnehmervertretern. Ebenso entfällt die Anhörung des Betriebsrats. Daher wundert es nicht, dass Unternehmen gerne mit Hilfe eines Aufhebungsvertrags versuchen, Mitarbeiterinnen und Mitarbeiter loszuwerden.
Wie ist die Situation für die Beschäftigten? Für sie ist der Aufhebungsvertrag vorteilhaft, wenn sie eine mindestens gleichwertige Anschlussbeschäftigung haben und sich deshalb vorzeitig aus dem Arbeitsverhältnis lösen wollen oder der Arbeitgeber tatsächlich zur (fristlosen) Kündigung berechtigt wäre und sie sich bei der Jobsuche als ungekündigt bezeichnen möchten. Demgegenüber stehen viele Risiken. Besonders hervorzuheben ist eine drohende **Sperre** von bis zu zwölf Wochen beim **Arbeitslosengeld**. Dadurch verkürzt sich die Bezugsdauer erheblich. Eine Sperre lässt sich vermeiden, wenn der Arbeitnehmer einen wichtigen Grund für die Beendigung des Arbeitsverhältnisses hatte. Dies kann der Fall sein, wenn wichtige persönliche Gründe – zum Beispiel ein notwendiger Wohnortwechsel nach Heirat – vorliegen oder dem Arbeitnehmer die Fortsetzung des Arbeitsverhältnisses arbeitsrechtlich nicht zumutbar ist, etwa weil der Arbeitgeber seine Pflichten zum Schutz von Leben und Gesundheit des Arbeitnehmers nicht erfüllt.
Kündigungsfristen müssen beim Aufhebungsvertrag nicht eingehalten werden. Insbesondere im Zusammenhang mit einer Abfindungszahlung kann dies tückisch sein. Erhält der Arbeitnehmer eine **Abfindung** und wird gleichzeitig die Kündigungsfrist nicht eingehalten, ruht zunächst der Anspruch auf Arbeitslosengeld. Der Arbeitnehmer soll von der Abfindung leben. Das Ruhen des Arbeitslosengeldes verkürzt die Bezugsdauer im Gegensatz zu einer Sperre jedoch nicht.

> **Vorsicht Falle:**
> Der Anspruch auf Arbeitslosengeld ruht auch, wenn der Arbeitnehmer wegen der Beendigung des Arbeitsverhältnisses eine Urlaubsabgeltung erhalten oder zu beanspruchen hat. Der Ruhenszeitraum umfasst die Zeit des abgegoltenen Urlaubs.

Im Übrigen ist die Abfindung sozialversicherungsfrei, aber in vollem Umfang steuerpflichtig. Um den Progressionseffekt zu mildern, wird die Fünftelregelung angewendet. Die in einem Kalenderjahr ausgezahlte Abfindung verteilt sich für die Steuerberechnung gleichmäßig auf fünf

Jahre. Arbeitnehmer tun dennoch gut daran, sich nicht von einem hohen Bruttobetrag blenden zu lassen.
Wie umfangreich der Arbeitgeber den Arbeitnehmer über die Nachteile eines Aufhebungsvertrags informieren muss, hängt auch davon ab, ob die Initiative für den Abschluss von ihm ausgeht und in seinem Interesse zustande kommt.
Gemäß § 38 Abs. 1 Satz 1 Sozialgesetzbuch (SGB) III sind Personen, deren Arbeits- oder Ausbildungsverhältnis endet, verpflichtet, sich spätestens drei Monate vor dessen Beendigung bei der Agentur für Arbeit arbeitssuchend zu melden. Liegen zwischen der Kenntnis des Beendigungszeitpunkts und der Beendigung des Arbeits- oder Ausbildungsverhältnisses weniger als drei Monate, muss die Meldung innerhalb von drei Tagen nach Kenntnis des Beendigungszeitpunkts erfolgen.

Tipp:
Der Preis, den ein Arbeitnehmer für einen Aufhebungsvertrag zahlt, kann sehr hoch sein. Manchmal ist es vorteilhafter, sich kündigen zu lassen. Deshalb sollten sich Beschäftigte juristisch und am besten auch steuerlich beraten lassen, bevor sie den Vertrag unterschreiben.

Abfindung bei betriebsbedingter Kündigung

Eine Besonderheit hinsichtlich eines Abfindungsanspruchs gibt es bei der betriebsbedingten Kündigung. Klagt der Arbeitnehmer nicht bis zum Ablauf der Drei-Wochen-Frist vor dem Arbeitsgericht gegen die Kündigung, hat er mit dem Ablauf der Frist Anspruch auf eine Abfindung – allerdings nur, wenn der Arbeitgeber in der Kündigungserklärung darauf hingewiesen hat, dass die Kündigung auf dringende betriebliche Erfordernisse gestützt ist und der Arbeitnehmer die Abfindung beanspruchen kann, wenn er die Klagefrist verstreichen lässt. Die Höhe der Abfindung beträgt gemäß § 1a Abs. 2 Kündigungsschutzgesetz (KSchG) einen halben Monatsverdienst für jedes Beschäftigungsjahr. Mehr als sechs Monate Betriebszugehörigkeit werden auf ein Jahr aufgerundet.

IV. Abmahnung

1. Inhalt und Zweck

Um die Abmahnung ranken sich einige Mythen. **Können Sie alle Fragen richtig beantworten?** Die Auflösung steht am Ende des Kapitels auf den Seiten 57 und 58.

1. Welche Funktion hat eine Abmahnung?
2. Muss eine Abmahnung immer schriftlich erfolgen?
3. Was unterscheidet eine Abmahnung von einer Ermahnung?
4. Nach wie vielen Abmahnungen kann der Arbeitgeber kündigen?
5. Wie lange bleibt eine Abmahnung gültig?
6. Was kann der Arbeitnehmer gegen eine seiner Meinung nach ungerechtfertigte Abmahnung unternehmen?

Beide Vertragsparteien können den jeweils anderen abmahnen. Der Arbeitnehmer tut dies jedoch nur in den seltensten Fällen. Konzentrieren wir uns daher auf die arbeitgeberseitige Abmahnung.

Welche Voraussetzungen müssen erfüllt sein, um von einer Abmahnung zu sprechen? Der Arbeitgeber benennt ein konkretes Fehlverhalten, rügt es als Vertragsverstoß, fordert den Arbeitnehmer auf, dieses Verhalten zukünftig zu unterlassen und kündigt an, dass im Wiederholungsfall Inhalt oder Bestand des Arbeitsverhältnisses bedroht seien. Er zeigt dem Arbeitnehmer gewissermaßen die »gelbe Karte«.

> **Beispiel:**
> »Sie sind heute unentschuldigt eine Stunde zu spät zur Arbeit erschienen und haben damit gegen Ihre arbeitsvertragliche Pflicht zur Einhaltung der für Sie geltenden Arbeitszeit verstoßen. Arbeitsbeginn ist 7.00 Uhr, und wir erwarten, dass Sie zukünftig pünktlich zur Arbeit kommen. Sollten Sie erneut gegen Ihre Pflicht zur Einhaltung der Arbeitszeit verstoßen, müssen Sie mit arbeitsrechtlichen Konsequenzen einschließlich der Kündigung rechnen.«

Im Betriebsratsbüro bei der Irgendwo GmbH klingelt wieder einmal das Telefon. Fritz geht ran. »Hallo, hier ist Lea. Ist Ali bei euch? Ich habe ihn an seinem Arbeitsplatz nicht erreicht.« »Hallo Lea, Ali ist gerade in einer Ausschusssitzung. Kann ich dir weiterhelfen?« »Hm, ich habe gestern eine Abmahnung bekommen. Mir wird vorgeworfen, ich sei nicht sorgfältig mit meinem Werkzeug umgegangen. Das stimmt in gewisser Weise auch. Allerdings stehe ich im Moment so unter Druck, weil zwei meiner Kollegen krank sind und jeder irgendwas von mir will. Ich war so durch den Wind, ich habe mein Werkzeug irgendwo liegengelassen. Es war wirklich eine ungünstige Stelle und ein Kollege ist darüber gestolpert. Ich habe meinem Chef heute Morgen die besonderen Umstände erklärt und er hat mir versprochen, dafür zu sorgen, dass die Abmahnung wieder aus meiner Personalakte entfernt wird. Ich bin aber nicht sicher, ob die Personalabteilung das auch tatsächlich macht und würde gerne in meine Personakte schauen.« »Verstehe, und du möchtest, dass Ali dich begleitet.« »Genau, das wäre mega.« »Ich sage ihm, dass er sich sobald wie möglich bei dir meldet.«

Hintergrundinformation:
Jeder Arbeitnehmer hat das Recht, die über ihn geführten Personalakten einzusehen. Der Arbeitgeber muss die nicht sichtbaren, insbesondere die in automatisierten Personalinformationssystemen gespeicherten personenbezogenen Daten des Arbeitnehmers, lesbar machen. In Betrieben mit Betriebsrat kann der Arbeitnehmer ein Mitglied der Interessenvertretung hinzuziehen. Dieses unterliegt einer sehr weitreichenden Schweigepflicht.

Der Arbeitgeber muss das Fehlverhalten genau benennen. Es genügt nicht, wenn er nur »mehrmaliges Zuspätkommen« rügt. Fehlt die Androhung von Konsequenzen handelt es sich um eine Ermahnung, die allerdings keine Kündigung »vorbereiten« kann. Nicht erforderlich ist, dass das Wort »Abmahnung« oder »Ermahnung« benutzt wird. Es kommt auf den Inhalt an.
Die Abmahnung verbraucht das Kündigungsrecht. Das bedeutet: Hat der Arbeitgeber ein bestimmtes Verhalten abgemahnt, kann er wegen desselben Pflichtverstoßes nicht kündigen.

Beispiel:
Ein Außendienstmitarbeiter hat Provisionen und Fahrtkosten in erheblichem Umfang zu seinen Gunsten falsch abgerechnet. Da der Arbeitnehmer bei den Kunden sehr beliebt ist und viele Aufträge hereinholt, will der

Arbeitgeber nicht auf ihn verzichten und belässt es bei einer Abmahnung. Nachdem er eine Nacht darüber geschlafen hat, entschließt er sich nun doch zur Kündigung. Das geht nicht mehr. Wegen dieses Betrugs kann der Arbeitgeber nun nicht mehr kündigen, wohl aber, wenn sich der Mitarbeiter erneut »verrechnet«.

In welchen Fällen muss vor einer Kündigung abgemahnt werden? In erster Linie ist eine erfolglose Abmahnung bei Störungen im Leistungsbereich – wie Zuspätkommen, Schlechtleistung usw. – erforderlich. Bei Störungen im Vertrauensbereich – Diebstahl, unerlaubte Nutzung des Internets usw. – ist eine Abmahnung vor der Kündigung dann notwendig, wenn es um ein steuerbares Verhalten des Arbeitnehmers geht und zu erwarten ist, dass das Vertrauen in den Beschäftigten wiederhergestellt werden kann. Das bedeutet im Umkehrschluss, dass bei besonders schweren Pflichtverstößen eine Kündigung ohne vorherige Abmahnung zulässig ist. Schlägt ein Arbeitnehmer seinen Vorgesetzten bei einer Auseinandersetzung im Betrieb krankenhausreif, kann er kaum damit rechnen, dass der Chef sich erneut zusammenschlagen lassen möchte, bevor dem Arbeitnehmer gekündigt werden kann. Auch ein Buchhalter, der Gelder veruntreut, wird meist sofort die »rote Karte« bekommen. Vor Jahren hat der Fall Emmely die Gemüter sehr erhitzt. Eine Mitarbeiterin im Einzelhandel hatte Pfandbons im Wert von 1,30 Euro unberechtigt eingelöst und wurde daraufhin fristlos entlassen. Letztinstanzlich hat das Bundesarbeitsgericht entschieden, dass bei über 30-jähriger nahezu beanstandungsfreier Betriebszugehörigkeit eine Abmahnung genügt hätte (BAG 10.6.2010 – 2 AZR 541/09).

2. Vorgehensweise bei ungerechtfertigten Abmahnungen

»Hallo Ali, danke, dass du mich zurückrufst. Hat Fritz dir schon gesagt, worum es geht?« »Ja, Lea, hat er. Natürlich kann ich dich zur Personalabteilung begleiten, um deine Akte einzusehen.« »Prima! Angenommen, die Abmahnung ist in der Akte, was kann ich dann dagegen unternehmen?« »Es gibt verschiedene Möglichkeiten. Du kannst gegen eine unberechtigte Abmahnung aus der Personalakte klagen.« »Puh, nee, klagen gegen meinen Arbeitgeber möchte ich lieber nicht.« »Verstehe ich, das machen die wenigsten gerne im laufenden Arbeitsverhältnis. Sollte es noch weitere Ab-

mahnungen geben, die dann zur Kündigung führen, kannst du später in einem Kündigungsschutzverfahren immer noch geltend machen, dass die Abmahnung unberechtigt war. Die aus meiner Sicht beste Möglichkeit ist, eine Gegendarstellung zur Abmahnung zu schreiben. Das heißt, du schilderst den Vorfall aus deiner Sicht. Du beschreibst also in deinem Fall beispielsweise, dass du zwei Kollegen vertreten musstest, unter erheblichem Druck standest und deshalb unachtsam warst. Diese Gegendarstellung muss die Personalabteilung zu der Abmahnung in deine Personalakte legen. Außerdem kannst du dich auch noch beschweren bei den zuständigen Stellen im Betrieb – das ist zunächst einmal dein Vorgesetzter.« »Das habe ich ja quasi getan.« »Genau, und anscheinend erfolgreich. Jedenfalls hat dein Chef dir zugesagt, dass er sich darum kümmert, dass die Abmahnung entfernt wird bzw. erst gar nicht in deine Personalakte kommt. Du könntest dich auch noch beim Betriebsrat beschweren. Wir würden dann mit dem Arbeitgeber über die Entfernung der Abmahnung verhandeln. Ich denke, wir schauen erst einmal, ob die Abmahnung in deiner Akte ist. Wenn dein Chef Wort gehalten hat und die Personalabteilung seinem Vorschlag folgt, dürfte sich die Angelegenheit erledigt haben.«

3. Auflösung der Fragen zur Abmahnung

1. *Welche Funktion hat eine Abmahnung?*
   Der Arbeitgeber weist den Arbeitnehmer auf seine vertraglichen Pflichten hin und macht ihn auf einen Verstoß hiergegen aufmerksam (Rüge- und Dokumentationsfunktion). Zudem warnt er ihn vor den Konsequenzen einer erneuten Pflichtverletzung (Warnfunktion).
2. *Muss eine Abmahnung immer schriftlich erfolgen?*
   Nein, die Abmahnung kann auch mündlich ausgesprochen werden. Aus Beweisgründen wird sie meist schriftlich erteilt. In diesen Fällen nimmt der Arbeitgeber sie zur Personalakte.
3. *Was unterscheidet eine Abmahnung von einer Ermahnung?*
   Der Ermahnung fehlt die Warnfunktion. Das Fehlverhalten wird gerügt, ohne dass Konsequenzen für den Wiederholungsfall angedroht werden. Die Ermahnung kann mündlich oder schriftlich erfolgen.
4. *Nach wie vielen Abmahnungen kann der Arbeitgeber kündigen?*
   Manche glauben, dass der Arbeitgeber dreimal wegen derselben Pflichtverletzung abmahnen muss, bevor er kündigen darf. Das stimmt so nicht. Es kommt auf die Schwere des Fehlverhaltens an. Unter Umständen ist auch eine Kündigung ohne Abmahnung zu-

lässig. Bei der Anzahl der Abmahnungen werden nur gleichartige Pflichtverstöße zusammengezählt. Fehlende Sorgfalt bei der Behandlung des Werkzeugs und verspätete Arbeitsaufnahme sind beispielsweise Pflichtverstöße, die nichts miteinander zu tun haben.

5. *Wie lange bleibt eine Abmahnung gültig?*
   Es kommt auf die Schwere des Vertragsverstoßes an. Eine bestimmte Frist, nach der eine Abmahnung unwirksam wird, gibt es nicht.
6. *Was kann der Arbeitnehmer gegen eine seiner Meinung nach ungerechtfertigte Abmahnung unternehmen?*
   Er hat einen einklagbaren Anspruch auf Entfernung der Abmahnung aus der Personalakte. Das gilt auch dann, wenn von mehreren Vorwürfen nicht alle zutreffen. Will der Arbeitnehmer keinen Rechtsstreit im laufenden Arbeitsverhältnis führen, kann er eine Gegendarstellung zur Abmahnung schreiben. Diese muss der Arbeitgeber zur Personalakte nehmen. Zudem kann sich der Arbeitnehmer beim Arbeitgeber oder beim Betriebsrat beschweren.

V. Kündigung

1. Allgemeines

Sowohl Arbeitgeber als auch Arbeitnehmer können kündigen. Die Kündigung durch den Arbeitnehmer unterliegt kaum Beschränkungen. Hauptsächlich soll es im weiteren Text daher um die Arbeitgeberkündigung gehen. Sie hat für den Gekündigten meist extreme Nachteile. Schließlich hängt für die meisten Menschen die wirtschaftliche Existenz von ihrer Erwerbstätigkeit ab.

Tipp:
Wer von einer Arbeitgeberkündigung bedroht oder bereits betroffen ist, sollte sich Rat bei Fachleuten holen. Gewerkschaftsmitglieder können Rechtsbeistand von ihrer Gewerkschaft erhalten. Andere Beschäftigte sollten prüfen, ob die Kosten für einen Rechtsanwalt von ihrer Rechtsschutzversicherung übernommen werden. Empfehlenswert ist es, sich an einen Spezialisten zu wenden. Fachanwälte für Arbeitsrecht kennen die Besonderheiten dieses Rechtsgebiets. Der Anwalt, der einem bei der privaten Scheidung gute Dienste erwiesen hat, ist nicht unbedingt die erste Wahl bei einer Kündigung.

Es gilt das sogenannte **Ultima-Ratio-Prinzip**. Das heißt: Die Kündigung kommt erst dann in Betracht, wenn es kein milderes Mittel wie beispielsweise eine Versetzung oder Abmahnung gibt. Der Arbeitgeber hat vorab zu prüfen, ob eine Möglichkeit zur Weiterbeschäftigung – gegebenenfalls auch zu schlechteren Bedingungen – besteht.
Die Kündigung ist eine einseitige, empfangsbedürftige Willenserklärung, durch die das Arbeitsverhältnis zu einem bestimmten Zeitpunkt sofort oder in der Zukunft beendet werden soll. Sie muss der anderen Vertragspartei zugehen, einverstanden sein muss diese nicht. Der gewollte Beendigungszeitpunkt muss klar erkennbar sein. Mündlich ausgesprochene Kündigungen sind unwirksam. Die Schriftform ist zwingend vorgeschrie-

ben. Dazu gehört eine handschriftliche Unterzeichnung mit dem vollen Familiennamen. Eine eingescannte oder kopierte Unterschrift genügt nicht.

Wichtig:
Mündliche oder per E-Mail oder Fax ausgesprochene Kündigungen sind unwirksam.

Grundsätzlich unzulässig ist eine Teilkündigung, da die einzelnen Bestandteile des Arbeitsvertrags typischerweise nicht isoliert zustande kommen. Sollen nur bestimmte Bedingungen des Arbeitsverhältnisses verändert werden wie zum Beispiel der Arbeitsplatz, kann eine Änderungskündigung ausgesprochen werden.
Beendet der Arbeitgeber das Arbeitsverhältnis, ist dies für den Arbeitnehmer oft existenzbedrohend. Der Bezug von Arbeitslosengeld I ist zeitlich limitiert, Hartz IV wird nur bei Bedürftigkeit gewährt. Umso wichtiger ist es, dass Betroffene ihre Rechte bei Entlassungen kennen.

Wie fit sind Sie? Sind die nachfolgenden Aussagen richtig oder falsch?
Die Auflösung finden Sie am Ende des Kapitels auf den Seiten 79 bis 81.

1. Für Arbeitgeber und Arbeitnehmer gelten immer die gleichen Kündigungsfristen.
2. Die Frist zur Einreichung einer Kündigungsschutzklage beginnt mit Ausstellung der Kündigung.
3. Um wirksam zu sein, genügt es, wenn die Kündigung in den Machtbereich des Arbeitnehmers gelangt.
4. Eine am Sonntag durch den Arbeitgeber in den Briefkasten des Arbeitnehmers geworfene Kündigung gilt als am Montag zugestellt.
5. Während des Urlaubs des Arbeitnehmers kann der Arbeitgeber ihm keine Kündigung zustellen.
6. Eine Kündigung ist nur gültig, wenn in der Erklärung das Wort »Kündigung« verwendet wird.
7. Ein Kündigungsschreiben muss immer eine Begründung für die Kündigung enthalten, sonst ist die Kündigung unwirksam.
8. Während einer Arbeitsunfähigkeit ist der Arbeitnehmer »unkündbar«.
9. Der Arbeitnehmer muss zwingend vor Ausspruch der Kündigung vom Arbeitgeber angehört werden.
10. Eine Kündigung, die ohne Zustimmung des Betriebsrats ausgesprochen wird, ist unwirksam.

2. Zugang der Kündigung

Die Kündigung wird nur wirksam, wenn sie der anderen Vertragspartei zugeht. Unter Anwesenden geschieht dies durch persönliche Übergabe des Schriftstücks.

Beispiel:
Der Personalchef übergibt einem Mitarbeiter die Kündigung am Arbeitsplatz.

Komplizierter ist der Zugang unter Abwesenden. In diesem Fall muss die Kündigung so in den Machtbereich des Empfängers gelangen, dass dieser unter gewöhnlichen Umständen vom Inhalt Kenntnis nehmen kann. Dies ist regelmäßig anzunehmen, wenn die Kündigung in seinen Briefkasten geworfen wird.

Vorsicht Falle:
Entscheidend ist, dass der Empfänger die Möglichkeit hat, von der Kündigung Kenntnis zu nehmen. Er muss das Kündigungsschreiben nicht gelesen haben. Also auch dann, wenn der Arbeitnehmer beispielsweise bedingt durch Krankheit oder Urlaub den Briefkasten nicht leert, ist ihm die Kündigung zugegangen.

Wird das Entlassungsschreiben vom Postzusteller in den Briefkasten geworfen, gilt die Kündigung zu dem Zeitpunkt als zugegangen, zu dem der Briefkasten üblicherweise geleert wird. Bei einem am späten Nachmittag, Abend, Sonn- oder Feiertag eingeworfenen Dokument ist nicht davon auszugehen, dass der Arbeitnehmer es noch am selben Tag zur Kenntnis nimmt. Daher gilt es grundsätzlich erst am darauf folgenden Werktag als zugegangen.
Eine durch »Einschreiben« oder »Einschreiben mit Rückschein« zugesandte Kündigung geht mit der Aushändigung durch die Post zu. Das bedeutet: Trifft der Zusteller niemanden an und hinterlässt eine Abholbenachrichtigung, ist die Kündigung erst zugegangen, wenn der Empfangsberechtigte oder ein Bevollmächtigter das Schreiben bei der Post abholt. Unterlässt der Arbeitnehmer einfach die Abholung, wertet die Rechtsprechung dieses Verhalten als rechtsmissbräuchlich. Die Kündigung gilt dann meist trotzdem als zugegangen. Letztendlich kommt es auf die genauen Umstände im Einzelfall an.

Beim Einwurf-Einschreiben hinterlässt der Postzusteller das Einschreiben auch dann, wenn er den Empfänger nicht antrifft. Er fertigt einen Zustellbeleg an. Dieser gilt als starkes Indiz für den tatsächlichen Zugang der Kündigung, ein voller Beweis ist er nicht.
Die Kündigung kann dem Arbeitnehmer auch zugehen, wenn sie an eine in seiner Wohnung lebende Person ausgehändigt wird. Vergisst diese, das Schreiben weiterzuleiten, geht dies zu Lasten des Arbeitnehmers. Denn unter normalen Umständen ist damit zu rechnen, dass er die Kündigung erhalten hat. Allerdings gilt nicht der Zeitpunkt der Übergabe an den Dritten als Zugang, sondern der Zeitpunkt, zu dem unter normalen Umständen die Weiterleitung zu erwarten ist. Lehnt ein als Empfangsbote anzusehendes Familienmitglied des Arbeitnehmers die Annahme der Kündigung ab, ist sie nicht zugegangen. Voraussetzung ist, dass der Arbeitnehmer auf die Annahmeverweigerung keinen Einfluss – etwa durch eine vorherige Absprache – genommen hat. Die Kündigung geht zu, wenn sie unter der Wohnungstür hindurch geschoben wird. Selbstverständlich ist auch die Zustellung durch den Arbeitgeber direkt oder durch einen Gerichtsvollzieher möglich.
Auch während des **Urlaubs** kann eine Kündigung wirksam zugestellt werden. Es genügt, wenn der Arbeitgeber sie an die Wohnungsanschrift des Arbeitnehmers zustellt, auch wenn er weiß, dass der Beschäftigte verreist ist. Der Arbeitnehmer muss dafür sorgen, dass er auch während längerer Abwesenheit von den ihm zugestellten Sendungen erfährt. Ist er drei Wochen oder länger im Urlaub und verpasst somit die Frist, innerhalb derer er Kündigungsschutzklage einreichen kann, besteht eventuell die Möglichkeit, einen Antrag auf nachträgliche Zulassung der Klage beim Arbeitsgericht zu stellen.

Hinweis:
Der Kündigende muss im Streitfall beweisen, dass die Kündigung zugegangen ist. Bestreitet der Arbeitnehmer im Kündigungsschutzverfahren, die Kündigung erhalten zu haben, muss der Arbeitgeber nachweisen, dass und wann die Kündigung erfolgt ist.

Das Wissen um den Zugangszeitpunkt der Kündigung ist zum einen wichtig für die Frage, ob die Kündigung überhaupt wirksam wird und zu welchem Datum das Arbeitsverhältnis endet. Denn die Kündigungsfrist wird ab dem Zugang der Kündigungserklärung berechnet. Mit dem Zugang beginnt außerdem eine weitere Frist zu laufen. Der Arbeitnehmer hat nun drei Wochen Zeit, eine **Kündigungsschutzklage** beim Arbeitsgericht einzureichen.

Hintergrundinformation:
Rund um das Thema Kündigungen sind einige Fristen zu beachten. Deshalb ist es wichtig zu verstehen, wie diese berechnet werden. Die Kündigungsfrist beginnt zu laufen, wenn die Kündigung zugegangen ist. Für die Fristberechnung gelten die §§ 186ff. Bürgerliches Gesetzbuch (BGB). Gemäß § 622 Abs. 1 BGB beträgt die Kündigungsfrist vier Wochen. Damit sind 28 Tage gemeint. Der Tag des Zugangs wird nicht gezählt. In Monaten mit 30 Tagen gilt folgendes: Eine Kündigung zum Monatsende muss bis zum 2. des Monats zugehen, eine Kündigung zum 15. des Folgemonats bis zum 17. des Monats. In Monaten mit 31 Tagen gilt: Eine Kündigung zum Monatsende muss bis zum 2. des Monats, eine Kündigung zum 15. des Folgemonats bis zum 18. des Monats zugehen. Für den Februar gilt folgendes: Bei 28 Tagen muss eine Kündigung zum Monatsende bis zum 31. Januar zugehen, eine Kündigung zum 15. März bis zum 15. Februar. In Schaltjahren ist es der 1. Februar bzw. der 16. Februar.
In der Probezeit beträgt die Kündigungsfrist zwei Wochen. Wird die Kündigung beispielsweise an einem Dienstag ausgesprochen, endet die Kündigungsfrist mit Ablauf des Dienstags zwei Wochen später. Der Ereignistag und der Fristablauftag heißen gleich.
Die Frist zum Einreichen einer Kündigungsschutzklage ist ebenfalls eine Wochenfrist. Der Arbeitnehmer hat drei Wochen ab Zugang der Kündigung Zeit zu klagen. Hat er die Kündigung an einem Freitag erhalten, muss die Klage bis zum Ablauf des Freitags drei Wochen später beim Arbeitsgericht vorliegen.

Nach einer Kündigung muss der Arbeitgeber dem gekündigten Arbeitnehmer auf dessen Verlangen eine angemessene Zeit zur Stellensuche gewähren. Dazu gehört neben Vorstellungsgesprächen beispielsweise auch das Aufsuchen der Agentur für Arbeit. § 629 BGB regelt diese Freistellung, nicht aber die Frage, ob der Arbeitgeber für die Zeit das Entgelt weiterzahlen muss. Eine solche Verpflichtung kann sich aus § 616 BGB ergeben. Ist ein Arbeitnehmer für eine verhältnismäßig nicht erhebliche Zeit durch einen in seiner Person liegenden Grund ohne Verschulden an der Arbeitsleistung verhindert, hat er Anspruch auf die Weiterzahlung seiner Vergütung. Allerdings kann § 616 BGB arbeitsvertraglich eingeschränkt sein.

3. Die ordentliche und außerordentliche Kündigung

Die ordentliche Kündigung

Während der Probezeit gilt für die Dauer von längstens sechs Monaten für beide Seiten eine verkürzte Kündigungsfrist von zwei Wochen. Danach gelten die auf das Arbeitsverhältnis anwendbaren Kündigungsfristen. Wie die Fristen genau berechnet werden, ist als Hintergrundinformation auf Seite 63 erklärt.

Eine ordentliche – auch fristgemäße – Kündigung liegt vor, wenn das Arbeitsverhältnis unter Einhaltung der geltenden Kündigungsfrist aufgelöst werden soll. Die Kündigungsfrist ergibt sich entweder aus dem Arbeitsvertrag, einem Tarifvertrag oder dem Gesetz.

§ 622 Abs. 1 BGB sieht eine Grundkündigungsfrist für beide Vertragspartner von vier Wochen entweder zum 15. oder zum Ende eines Kalendermonats vor. Die Kündigungsfrist für den Arbeitgeber verlängert sich gemäß § 622 Abs. 2 BGB mit der Dauer der Unternehmenszugehörigkeit des Arbeitnehmers. Zudem ist nach zwei Jahren Beschäftigung eine Kündigung nur noch zum Kalendermonatsende und nicht mehr zum 15. möglich.

Folgende Fristen gelten nach einer Betriebs- oder Unternehmenszugehörigkeit von:

zwei Jahren	= ein Monat
fünf Jahren	= zwei Monate
acht Jahren	= drei Monate
zehn Jahren	= vier Monate
zwölf Jahren	= fünf Monate
15 Jahren	= sechs Monate
20 Jahren	= sieben Monate.

Hinweis:
Die verlängerten Kündigungsfristen gelten nur für den Arbeitgeber, nicht den Arbeitnehmer. Für ihn bleibt es bei der Grundkündigungsfrist gemäß § 622 Abs. 1 BGB. Allerdings kann tariflich oder vertraglich etwas anderes geregelt sein. In jedem Fall darf die Kündigungsfrist für den Arbeitnehmer nicht länger sein als die für den Arbeitgeber.

Die außerordentliche Kündigung

Für die außerordentliche Kündigung gelten keine Fristen. Üblicherweise erfolgt sie fristlos und beendet das Arbeitsverhältnis sofort.

Hintergrundinformation:
Ausnahmsweise wird eine außerordentliche Kündigung mit sozialer Auslauffrist ausgesprochen. Sieht ein Tarifvertrag beispielsweise vor, dass Arbeitnehmer ab einem bestimmten Alter und einer langen Betriebszugehörigkeit »unkündbar« sind, ist die ordentliche Kündigung ausgeschlossen. Soll nun etwa das Unternehmen stillgelegt werden, spricht der Arbeitgeber eine betriebsbedingte außerordentliche Kündigung mit sozialer Auslauffrist aus. Die Frist entspricht meist der gesetzlichen oder tariflichen Kündigungsfrist, die bei einer ordentlichen Kündigung einzuhalten wäre. Eine außerordentliche Kündigung mit sozialer Auslauffrist ist jedoch auch bei einer personen- oder verhaltensbedingten Kündigung möglich. Hier endet das Arbeitsverhältnis ebenfalls nicht abrupt, sondern nach einer gewissen »Schonfrist«.

Um außerordentlich kündigen zu können, benötigt der Arbeitgeber einen **wichtigen Grund**. Die Fortsetzung des Arbeitsverhältnisses und das Abwarten der Kündigungsfrist muss für ihn unter Berücksichtigung der konkreten Umstände des Einzelfalls und bei Abwägung der beiderseitigen Interessen unzumutbar sein. Es muss also etwas Schlimmes passiert sein.

Beispiele:
Diebstahl, Betrug, beharrliche Arbeitsverweigerung, Tätlichkeiten gegenüber Vorgesetzten oder Arbeitskollegen

Eine solche fristlose Kündigung kann nur innerhalb von zwei Wochen ausgesprochen werden. Diese Frist beginnt, wenn der Arbeitgeber Kenntnis von dem wichtigen Kündigungsgrund erlangt hat. Sie endet zwei Wochen später mit Ablauf des Wochentages, der genauso heißt wie der Tag der Kenntniserlangung. Hat also der Arbeitgeber an einem Montag von den maßgeblichen Kündigungsgründen erfahren, endet die Frist mit Ablauf des Montags zwei Wochen später. Hält der Arbeitgeber die Zwei-Wochen-Frist nicht ein, ist die Kündigung unwirksam. Ist nicht sicher, ob der Arbeitnehmer seine Pflichten verletzt hat, und versucht der Arbeitgeber den Sachverhalt aufzuklären, beginnt die Frist zunächst nicht zu laufen. Nach Abschluss seiner Ermittlungen muss der Arbeitgeber dann innerhalb von zwei Wochen die Kündigung aussprechen.

Fristlos, hilfsweise fristgemäß

Eine Mitarbeiterin der Personalabteilung betritt das Betriebsratsbüro. Sie hat eine Kündigungsanhörung dabei und bittet Fritz, den Eingang zu quittieren. »Zeig mal«, fordert Franzi, als die Dame aus der Personalabteilung wieder weg ist. »Das habe ich ja noch nie gelesen: ›Wir beabsichtigen, Herrn Hermann Herrlich fristlos, hilfsweise fristgemäß zum … zu kündigen‹. Was denn nun? Fristlos oder fristgemäß? Weißt du, was das soll, Fritz?« »Der Arbeitgeber will auf Nummer sicher gehen. Er möchte fristlos kündigen, weiß aber nicht genau, ob die Schwere des Fehlverhaltens dafür ausreicht. Sollte Hermann Herrlich klagen und das Arbeitsgericht ist der Meinung, Herrlich habe zwar seine Pflichten verletzt, aber nicht so stark, dass es für eine fristlose Kündigung reicht, greift die ordentliche Kündigung. Der Arbeitgeber muss also nicht noch einmal kündigen.« »Das ist ja ganz schön pfiffig«, findet Franzi. »Ja, aus Arbeitgebersicht schon. Unüblich ist es auch nicht.« »Der Arbeitnehmer bekommt zwei Kündigungen?« »Genau, und wir als Betriebsrat nehmen auch zu beiden Kündigungen Stellung.«

Kündigung befristeter Arbeitsverhältnisse

Die außerordentliche Kündigung eines befristeten Arbeitsverhältnisses ist jederzeit möglich, sofern ein wichtiger Grund vorliegt. Die ordentliche Kündigung hingegen ist nur möglich, wenn dies einzelvertraglich vereinbart wurde oder in einem anwendbaren Tarifvertrag geregelt ist. Ansonsten ist die ordentliche Kündigung eines befristeten Arbeitsverhältnisses unwirksam.

4. Kündigungsgründe

Der Arbeitgeber muss dem Arbeitnehmer – von wenigen Ausnahmefällen abgesehen – die Kündigungsgründe nicht nennen. Der Betriebsrat allerdings erfährt die Gründe vor dem Ausspruch der Kündigung im Rahmen einer Anhörung. Daher muss sich der Arbeitgeber – zumindest in Betrieben mit Betriebsrat – bereits frühzeitig im Klaren über seine Motive sein. In einem späteren Kündigungsschutzverfahren kann er sich nicht mehr ohne Weiteres auf andere als die dem Betriebsrat genannten Gründe berufen. Unterschieden wird zwischen der betriebsbedingten, der personenbedingten und der verhaltensbedingten Kündigung.

Betriebsbedingte Kündigung

Dringende betriebliche Gründe sind vor allen in wirtschaftlich schlechten Zeiten eine häufige Kündigungsursache. Die Gründe für die Entlassung liegen bei der betriebsbedingten Kündigung in der Sphäre des Betriebs, nicht in der des Gekündigten.

> **Beispiele:**
> Umsatzrückgang, Verlust von Aufträgen, Rationalisierungsmaßnahmen, die Schließung des Betriebs oder von Betriebsteilen

Hören wir einmal, wie die aktuelle Situation bei der Irgendwo GmbH ist. Der Personalleiter ist zu Gast in der Betriebsratssitzung und hat wenig Erfreuliches zu verkünden. »Die letzten Monate waren wirtschaftlich katastrophal für uns. Ein Viertel der Aufträge ist entfallen. Bislang haben wir uns mit Kurzarbeit einigermaßen über Wasser halten können. Wenn sich die Situation jedoch nicht bald bessert, dann werden wir Leute entlassen müssen.«

> **Hintergrundinformation:**
> Durch »**Kurzarbeit**« sollen Entlassungen vermieden werden. Die Arbeitnehmerinnen und Arbeitnehmer erhalten Kurzarbeitergeld von der Agentur für Arbeit. Das Unternehmen wird finanziell entlastet. Ziel ist es, nach Ende der schwierigen Phase mit den Beschäftigten wieder durchstarten zu können. In besonders schweren Krisen wie der Finanz- und Wirtschaftskrise 2008/2009 und der Corona-Krise hat die Bundesregierung die Voraussetzungen für Kurzarbeit erleichtert. Der Arbeitgeber ist daher grundsätzlich verpflichtet, Kurzarbeit einzuführen, um betriebsbedingte Entlassungen zu vermeiden.

Als der Personalleiter den Raum verlassen hat, fragt ein Ersatzmitglied des Betriebsrats: »Wie funktioniert das denn mit den Entlassungen? Wer entscheidet, wer gehen muss?« Franzi kennt sich mit dem Thema gut aus und antwortet: »Zunächst einmal muss klar sein, dass ein Arbeitsplatz entfällt und der Arbeitnehmer nicht auf einem anderen freien Arbeitsplatz im Unternehmen weiterbeschäftigt werden kann. Denn die Kündigung soll das allerletzte Mittel sein. Der Verlust des Arbeitsplatzes ist für den Betroffenen extrem belastend. Daher müssen erst alle anderen Möglichkeiten ausgeschöpft werden. Ist eine Kündigung unvermeidbar, geht nicht unbe-

dingt derjenige, dessen Stelle wegfällt. Vielleicht ist der schon älter und viele Jahre im Betrieb, vielleicht sogar schwerbehindert. Die Kündigung würde ihn besonders hart treffen, da seine Chancen auf dem Arbeitsmarkt gering sind. Es muss deshalb eine soziale Auswahl innerhalb des Betriebs unter den vergleichbaren Arbeitnehmern getroffen werden.« »Welche Arbeitnehmer sind denn vergleichbar?«, hakt das Ersatzmitglied nach. »Vergleichbar sind Beschäftigte auf einer Hierarchieebene, die die gleichen oder ähnliche Tätigkeiten verrichten und gegebenenfalls nach entsprechender Einarbeitungszeit gegenseitig austauschbar sind.« »Aha, der Geschäftsführer ist nicht vergleichbar mit dem Elektriker, aber die Elektriker untereinander schon.« »So sieht es aus. Ist der Kreis der vergleichbaren Arbeitnehmer klar, dann erfolgt die Sozialauswahl nach den im Kündigungsschutzgesetz genannten Kriterien Betriebszugehörigkeit, Lebensalter, Unterhaltspflichten und Schwerbehinderung.«

Die soziale Auswahl erfolgt in **drei Stufen**:

- **Stufe 1:** Der Kreis der in die Sozialauswahl einzubeziehenden – vergleichbaren – Arbeitnehmer des Betriebs wird festgelegt.
- **Stufe 2:** Die sozialen Gesichtspunkte der vergleichbaren Arbeitnehmer werden ermittelt.
- **Stufe 3:** Es wird festgestellt, ob die Weiterbeschäftigung eines oder mehrerer Arbeitnehmer aufgrund ihrer Kenntnisse, Fähigkeiten und Leistungen oder zur Sicherung einer ausgewogenen Personalstruktur berechtigt ist. Diese Personen werden aus der Sozialauswahl herausgenommen.

Hintergrundinformation:
§ 1 Abs. 3 Satz 2 Kündigungsschutzgesetz (KSchG) gibt dem Arbeitgeber die Möglichkeit, Personen, deren Weiterbeschäftigung insbesondere wegen ihrer Kenntnisse, Fähigkeiten und Leistungen (Leistungsträger) oder zur Sicherung einer ausgewogenen Personalstruktur des Betriebs im berechtigten betrieblichen Interesse liegt, aus der Sozialauswahl herauszunehmen. Mit Personalstruktur ist Altersstruktur gemeint. Eine Vielzahl von Entlassungen kann dazu führen, dass der Altersdurchschnitt im Betrieb deutlich ansteigt. Dies darf der Arbeitgeber vermeiden.

Sozialplan

Kommt es in Betrieben mit Arbeitnehmervertretung zu gravierenden Veränderungen wie einer Spaltung, einem Zusammenschluss mit einem anderen Betrieb, der Einführung grundlegend neuer Arbeitsmethoden und Fertigungsverfahren, einer Verlegung oder sogar Schließung, verhandelt der Betriebsrat mit dem Arbeitgeber über einen Interessenausgleich und Sozialplan. Gleiches kann gelten, wenn in erheblichem Umfang Mitarbeiterinnen und Mitarbeiter entlassen werden, ohne dass es sonstige Veränderungen gibt. Während der **Interessenausgleich** das Ob und Wie der Maßnahmen regelt, enthält der Sozialplan Regelungen zur Abmilderung der Folgen für die Arbeitnehmer. Häufig sind Abfindungen im Sozialplan vereinbart. Hält sich das Unternehmen ohne zwingenden Grund nicht an den Interessenausgleich und werden deshalb Beschäftigte entlassen, können sie eine Abfindung beim Arbeitsgericht einklagen.

Personenbedingte Kündigung

Bei der personenbedingten Kündigung besitzt der Arbeitnehmer von seinen persönlichen Voraussetzungen her nicht die Fähigkeit oder Eignung, um die geschuldete Arbeitsleistung ganz oder teilweise zu erbringen. Neben der mangelnden körperlichen und geistigen Eignung und einer Abnahme der Leistungsfähigkeit fällt auch eine Haftstrafe unter die personenbedingten Kündigungsgründe.

Fritz kommt zurück ins Betriebsratsbüro und wird von Franzi begrüßt mit den Worten: »Wo warst du so lange? Die Ausschusssitzung fängt gleich an.« »Das Personalgespräch mit Franz-Friedrich Freitag und seinem Vorgesetzten hat länger gedauert als erwartet. Das ist eine ziemlich dramatische Geschichte. Franz-Friedrich ist unkonzentriert, nachlässig geworden, macht Fehler, die ihm vorher nie passiert sind. Sein Chef hat ihn zum Gespräch eingeladen und Franz-Friedrich hatte mich gebeten, ihn zu begleiten.« »Und was ist dabei herausgekommen?« »Franz-Friedrich Freitag ist von seiner Frau nach über 20 Jahren Ehe verlassen worden. Die beiden Kinder hat sie mitgenommen. Kein Wunder, dass er ziemlich fertig ist. Wir haben die Karten auf den Tisch gelegt und der Chef – selbst ein ›Scheidungsfall‹ – hatte sehr viel Verständnis.« »Was könnte dem Franz-Friedrich denn passieren? Wäre eine personenbedingte Kündigung denkbar?« »So ohne Weiteres nicht. Denn die momentane Verfassung des Arbeitnehmers wird ja kein Dauerzustand sein. Es ist davon auszugehen, dass er in einigen Wochen oder Monaten den ersten Schock überwunden hat und seine alte Leistungsfähigkeit wieder hergestellt sein wird. Damit besteht kein Grund zur Kündigung. Der Arbeitgeber hat einen Menschen eingestellt, keine Maschine. Krisen sind menschlich.« »Wäre der Leistungsabfall altersbedingt, müsste der Arbeitgeber ihn doch auch tolerieren, oder?« »Sehe ich auch so. Doch das können wir hier vergessen. Ich schätze den Kollegen Freitag auf Anfang bis Mit-

te vierzig.« »Na dann, hoffen wir mal, dass das bei Franz-Friedrich kein Rosenkrieg wird. Jetzt müssen wir aber wirklich los«, mahnt Franzi.

Der häufigste Fall der personenbedingten Kündigung ist die krankheitsbedingte. Darunter fallen auch Suchterkrankungen. Die Überprüfung einer **krankheitsbedingten Kündigung** erfolgt in **drei Stufen**. Eine sozial gerechtfertigte Kündigung setzt dabei folgendes voraus:

- **Stufe 1:** Die Prognose hinsichtlich des weiteren Gesundheitszustands des zu kündigenden Arbeitnehmers ist negativ.
- **Stufe 2:** Betriebliche Interessen sind durch die prognostizierten Fehlzeiten des Arbeitnehmers erheblich beeinträchtigt.
- **Stufe 3:** Eine einzelfallbezogene Interessenabwägung fällt zu Ungunsten des Arbeitnehmers aus.

Eine **negative Gesundheitsprognose** bedeutet, dass auch in Zukunft mit weiteren krankheitsbedingten Ausfällen gerechnet werden muss, beispielsweise, weil der Arbeitnehmer chronisch krank ist und eine Besserung nicht zu erwarten ist. In der Praxis werden üblicherweise die letzten zwei bis drei Jahre als Prognosebasis herangezogen. Bei einer Suchterkrankung kommt es wesentlich darauf an, ob der Arbeitnehmer zu einem Entzug bzw. zu einer Therapie bereit ist. Lehnt er dies ab, ist erfahrungsgemäß davon auszugehen, dass er in absehbarer Zeit nicht von seiner Suchterkrankung geheilt sein wird. Auch bei der krankheitsbedingten Kündigung muss der Arbeitgeber zunächst alle ihm zumutbaren Möglichkeiten zur Verhinderung der Entlassung ausschöpfen. Hierzu zählen insbesondere Überbrückungsmaßnahmen wie eine Umverteilung der Arbeit, die Einstellung von befristet Beschäftigten oder der Einsatz von Leiharbeitnehmern. Wegen der erhöhten sozialen Schutzbedürftigkeit eines erkrankten Arbeitnehmers ist im Rahmen der Interessenabwägung ein strenger Maßstab anzulegen. Hierbei werden insbesondere das Lebensalter, die Dauer der Betriebszugehörigkeit, Unterhaltspflichten, die Stellung im Betrieb, die Situation auf dem Arbeitsmarkt, der Grad der wirtschaftlichen Belastung des Arbeitgebers, die wirtschaftliche Lage des Unternehmens und natürlich auch die Ursache der Erkrankung berücksichtigt. Es geht also auch um die Frage, ob das Unternehmen zur Erkrankung beigetragen hat bzw. der Arbeitnehmer einen Arbeitsunfall erlitten hat.

Franzi und Fritz treffen sich zufällig im Betrieb. »Grüß dich Franzi, wie ist denn das BEM-Gespräch gestern gelaufen?« »Hallo Fritz, danke der Nachfrage, gut soweit. Ich denke, der Arbeitnehmerin kann geholfen werden. Es ist möglich, sie an einen leichteren Arbeitsplatz zu versetzen, so dass damit zu rechnen ist, dass sich ihre Fehlzeiten deutlich reduzieren werden.« »Das sind doch mal gute Nachrichten.«

Betriebliches Eingliederungsmanagement (BEM)

Das betriebliche Eingliederungsmanagement soll helfen, eine krankheitsbedingte Kündigung zu vermeiden. Es geht darum, eine Arbeitsunfähigkeit möglichst zu überwinden und einer erneuten Erkrankung vorzubeugen. Das kann beispielsweise durch die Versetzung auf einen anderen Arbeitsplatz oder durch die Anschaffung von Hilfsmitteln erreicht werden. Der Arbeitgeber muss ein BEM-Verfahren anbieten, wenn der Arbeitnehmer innerhalb eines Jahres länger als sechs Wochen ununterbrochen oder wiederholt arbeitsunfähig erkrankt ist. Obwohl die Regelung im Sozialgesetzbuch IX und damit im Schwerbehindertenrecht zu finden ist, gilt sie für alle Arbeitnehmer. Beteiligt werden der Betriebsrat und bei schwerbehinderten Beschäftigten die Schwerbehindertenvertretung – sofern der Beschäftigte dies nicht ablehnt –, gegebenenfalls auch der Werks- oder Betriebsarzt, Servicestellen und das Integrationsamt. Wichtig ist, dass die Teilnahme an dem betrieblichen Eingliederungsmanagement für den Arbeitnehmer **freiwillig** ist. Der Arbeitgeber muss ihn auf die Ziele des BEM sowie auf die Art und den Umfang der hierfür erhobenen und verwendeten Daten hinweisen. Kündigt der Arbeitgeber krankheitsbedingt, ohne ein betriebliches Eingliederungsmanagement durchgeführt zu haben, und stellt sich in einem Kündigungsschutzverfahren heraus, dass die Kündigung mit BEM vermeidbar gewesen wäre, geht dies zu Lasten des Arbeitgebers. Somit kann sich das Unterlassen des betrieblichen Eingliederungsmanagements durchaus auf die Wirksamkeit einer krankheitsbedingten Entlassung auswirken.

Hintergrundinformation:
Das betriebliche Eingliederungsmanagement (BEM) ist zu unterscheiden von sogenannten **Kranken- oder Krankenrückkehrgesprächen**, die nicht selten zum Ziel haben, den Arbeitnehmer unter Druck zu setzen und zum Abschluss eines Aufhebungsvertrags zu bewegen. Das BEM verfolgt ein anderes Ziel. In vielen Betrieben gibt es ein geregeltes Verfahren zum betrieblichen Eingliederungsmanagement.
Nicht zu verwechseln ist das BEM mit der **stufenweisen Wiedereingliederung** nach § 74 SGB V. Diese dient dazu, arbeitsunfähige Beschäftigte, die ihre bisherige Tätigkeit teilweise verrichten können, in langsamen Schritten wieder in das Erwerbsleben einzugliedern.

Verhaltensbedingte Kündigung

Arbeitnehmer müssen ihre arbeitsvertraglichen Pflichten erfüllen. Tun sie dies nicht, kann eine verhaltensbedingte Kündigung drohen. Sowohl bei der personenbedingten als auch bei der verhaltensbedingten Kündigung liegen die Gründe in der Sphäre des Arbeitnehmers. Eine Unterscheidung lässt sich wie folgt treffen: Bei der personenbedingten Kündigung kann der Betroffene die Gründe nicht beeinflussen, weil er beispielsweise arbeitsunfähig erkrankt ist. Er möchte arbeiten, kann aber nicht. Im verhaltensbedingten Bereich könnte der Arbeitnehmer seine arbeitsvertraglichen Pflichten erfüllen, er will aber nicht.

> **Beispiel:**
> Ein Arbeitnehmer kommt immer wieder zu spät zur Arbeit. Dies könnte er vermeiden, indem er (mehr als) einen Wecker stellt, früher von Hause losfährt usw.

Eine Arbeitnehmerin der Irgendwo GmbH kommt ziemlich aufgeregt ins Betriebsratsbüro. Sie ist wegen Zuspätkommens abgemahnt worden und befürchtet weitere Konsequenzen. Fritz kann sie beruhigen: »Also, nur weil du dich einmal verspätet hast, droht dir nicht gleich die Kündigung.« »Nun ja, insgesamt bin ich bereits das dritte Mal in den letzten zwei Wochen zu spät gekommen, wenn auch immer nur wenige Minuten.« »Gibt es einen bestimmten Grund?« »Ja, mein Mann hat den Job gewechselt und benötigt nun unser gemeinsames Auto. Ich fahre seither mit Bus und Bahn. Das hat sich noch nicht so richtig eingependelt. Der Umstieg ist ziemlich knapp. Vielleicht sollte ich einen Bus eher nehmen.« »Es ist so, dass du dafür verantwortlich bist, pünktlich zu sein. Kommt es immer wieder zu Verspätungen, kann dir tatsächlich irgendwann eine Kündigung drohen.«

> **Vorsicht Falle:**
> Natürlich haben Arbeitgeber einen Anspruch darauf, für das Arbeitsentgelt eine entsprechende Gegenleistung in Form von Arbeitsleistung und Vertragstreue des Arbeitnehmers zu erhalten. Fangen Unternehmen jedoch plötzlich an, Beschäftigte wegen kleinster Verfehlungen abzumahnen, kann dies darauf hindeuten, dass verhaltensbedingte Kündigungen gezielt vorbereitet werden sollen.

Die **Pflichtverletzung** muss **gravierend** sein, um eine Kündigung rechtfertigen zu können. Ein einmaliges Zuspätkommen rechtfertigt keine Kündigung. Grundsätzlich muss der Arbeitnehmer vor einer verhaltensbedingten Kündigung abgemahnt werden, es sei denn, er konnte davon ausgehen, dass der Arbeitgeber sein (schwerwiegendes) Fehlverhalten hinnehmen würde. Eine verhaltensbedingte Kündigung kann nicht nur fristgemäß, sondern – je nach Pflichtverstoß – auch fristlos erfolgen.

Beispiele:
Weitere Beispiele für verhaltensbedingte Kündigungsgründe sind:
- Diebstahl
- Betrug
- Unterschlagung
- Beleidigungen
- tätliche Angriffe
- sexuelle Belästigung
- ausländerfeindliches Verhalten
- unerlaubte private Internetnutzung
- Vortäuschen einer Arbeitsunfähigkeit
- eigenmächtiger Urlaubsantritt
- häufiges Entfernen vom Arbeitsplatz
- absichtliche Schlechtleistung

Vorsicht Falle:
Manchmal bedarf es nicht viel, um das Vertrauen des Arbeitgebers in den Arbeitnehmer unwiederbringlich zu zerstören. Bei Diebstahl kommt es beispielsweise grundsätzlich nicht auf den Wert des entwendeten Gegenstands an.

Voraussetzungen für die Wirksamkeit einer verhaltensbedingten Kündigung sind:
1. Der Arbeitnehmer muss seine arbeitsvertraglichen Pflichten verletzt haben.
2. Die Kündigung muss verhältnismäßig sein. Ein vertragstreues Verhalten kann also nicht durch mildere Mittel wie eine Versetzung oder Abmahnung erreicht werden.
3. Bei einer Interessenabwägung müssen die Umstände des Einzelfalls geprüft werden, wie etwa die Schwere der Pflichtverletzung und ihre Folgen, die Dauer der unbeanstandeten Betriebszugehörigkeit, Alter und Unterhaltspflichten des Arbeitnehmers.

Das Verhalten des Arbeitnehmers im Privatbereich kann eine Kündigung nur ausnahmsweise rechtfertigen, wenn dadurch die betrieblichen Interessen verletzt sind und dieses Verhalten sich nachhaltig auf das Arbeitsverhältnis auswirkt.

Wegen der Ausübung einer Nebentätigkeit kann der Arbeitgeber nur kündigen, wenn der Arbeitnehmer seinen arbeitsvertraglichen Pflichten deshalb nicht nachkommt oder die Nebentätigkeit vertraglich berechtigt ausgeschlossen werden durfte, weil der Beschäftigte beispielsweise durch den Nebenjob in Konkurrenz zum Arbeitgeber tritt.

Verdachtskündigung

Ein besonderer Fall der verhaltensbedingten Entlassung ist die Verdachtskündigung. Hierbei geht es nicht in erster Linie um das Fehlverhalten als solches. Vielmehr ist alleine der Verdacht eines kündigungsrelevanten Fehlverhaltens Anlass für die Kündigung. Der Verdacht muss dementsprechend schwerwiegend sein. Der Arbeitgeber muss den Beschäftigten vor Ausspruch der Kündigung anhören, damit dieser den Verdacht entkräften oder ausräumen kann.

Sonderfall Druckkündigung

Entlässt der Arbeitgeber einen Arbeitnehmer, weil ihm Dritte Nachteile androhen, wenn er es nicht tut, spricht man von einer Druckkündigung. Dies kann der Fall sein, wenn andere Beschäftigte damit drohen, dass sie kündigen werden, oder ein wichtiger Kunde will die Geschäftsbeziehung beenden, wenn ein bestimmter Arbeitnehmer nicht entlassen wird. An die Zulässigkeit einer Druckkündigung sind strenge Anforderungen zu stellen. Der Arbeitgeber muss zunächst versuchen, die Drucksituation zu beseitigen.

5. Kündigung in der Insolvenz

Die Insolvenz ist das Worst-case der Unternehmenskrise. An die Stelle des Arbeitgebers tritt der Insolvenzverwalter. Die Insolvenzordnung (InsO) legt die »Spielregeln« für die Situation der Zahlungsunfähigkeit des Arbeitgebers fest. Der Insolvenzverwalter kann zügig Bedingungen verschlechtern und Arbeitsplätze abbauen. Zwar ist die Insolvenz selbst kein betriebsbedingter Kündigungsgrund. Gemäß § 113 InsO hat der Insolvenzverwalter aber die Möglichkeit, Mitarbeiterinnen und Mitarbeiter zu entlassen, und zwar mit einer Kündigungsfrist von maximal drei Monaten. Dies ist für Beschäftigte, die seit vielen Jahren im Unternehmen tätig sind, ein erheblicher Nachteil.

Vorsicht Falle:
Längere vertragliche, tarifliche oder gesetzliche Kündigungsfristen werden nicht angewendet. Auch auf eine in manchen Tarifverträgen verankerte »Unkündbarkeit« wegen des Erreichens eines bestimmten Lebensalters und der langen Dauer der Betriebszughörigkeit kann sich während einer Insolvenz niemand berufen.

Bei **betriebsbedingten Kündigungen** muss auch in der Insolvenz eine soziale Auswahl durchgeführt werden, die die Betriebszugehörigkeit, das Lebensalter, die Unterhaltspflichten und eine Schwerbehinderung berücksichtigt. Der Betriebsrat ist vor jeder Kündigung zu hören.
Veräußert der Insolvenzverwalter einen Betrieb oder Betriebsteil, gehen die Arbeitsverhältnisse auf den neuen Inhaber über. Liegt eine Betriebsänderung – etwa eine (Teil)Schließung, Spaltung usw. – vor, verhandelt der Betriebsrat über einen Interessenausgleich und Sozialplan. Auch hier gelten während der Insolvenz andere Regeln. Der Verhandlungszeitraum für einen Interessenausgleich ist auf drei Wochen begrenzt. Gibt es dann keine Einigung, kann der Insolvenzverwalter gerichtlich die Durchführung der Betriebsänderung beantragen. Zudem ist nach Eröffnung des Insolvenzverfahrens die Höhe des Sozialplanvolumens auf maximal zweieinhalb Monatsverdienste für jeden betroffenen Arbeitnehmer begrenzt. Für die gesamte Sozialplanforderung darf nicht mehr als ein Drittel der zur Verfügung stehenden Insolvenzmasse verwendet werden. Dies führt häufig dazu, dass weniger als zweieinhalb Monatsgehälter verteilt werden können.

Vorsicht Falle:
Zu einem Interessenausgleich kann eine **Namensliste** gehören. Arbeitnehmer, die dort genannt sind, haben extrem schlechte Karten, gegen ihre Kündigung gerichtlich vorzugehen. Die soziale Auswahl wird von den Gerichten nur auf grobe Fehlerhaftigkeit geprüft. Es wird grundsätzlich vermutet, dass die Kündigung durch dringende betriebliche Erfordernisse bedingt ist.

6. Stellungnahme des Betriebsrats

Schlechte Stimmung beim Betriebsrat der Irgendwo GmbH: Das Gremium muss sich mit einer Kündigung auseinandersetzen. Die Arbeitnehmerin Mona Montag soll ordentlich krankheitsbedingt entlassen werden. Die schriftliche Unterrichtung des Personalchefs liegt dem Gremium vor. Da-

nach ist Mona 53 Jahre alt, geschieden und seit 25 Jahren im Betrieb. Sie hat im vergangenen Jahr 99 Tage gefehlt, in den ersten vier Monaten des laufenden Jahres sind es bislang 20 Tage. Mona ist auch zurzeit arbeitsunfähig. Ein BEM-Gespräch im vergangenen Jahr hat keine nennenswerte Veränderung bewirkt. Es ist dem Betriebsrat nicht gelungen, Mona zu erreichen. Das Gremium diskutiert. »Das ist doch vollkommen klar«, meint ein Betriebsratsmitglied, »im Augenblick kann die Arbeitnehmerin doch gar nicht gekündigt werden, weil sie arbeitsunfähig ist.« »Irrtum«, korrigiert die Betriebsratsvorsitzende, »das ist Wunschdenken. Eine Arbeitsunfähigkeit schützt nicht vor einer Kündigung.« »Wir sollten der Kündigung auf jeden Fall widersprechen«, schlägt Franzi vor.« »Ja klar«, meldet sich ein anderes Betriebsratsmitglied, »die sozialen Gesichtspunkte sind nicht ausreichend berücksichtigt worden. Mit 53 Jahren hat Mona schlechte Chancen auf dem Arbeitsmarkt. Außerdem gibt es vergleichbare Arbeitnehmer, die jünger sind und eine kürzere Betriebszugehörigkeit haben.« »Deine Argumente können wir als Bedenken gut verwenden. Als Widerspruchsgrund funktioniert das jedoch nur bei einer betriebsbedingten Kündigung, wenn es darauf ankommt, aus einem Pool vergleichbarer Arbeitnehmer denjenigen herauszusuchen, den die Kündigung aufgrund seiner Sozialdaten am wenigsten hart trifft. Bei der krankheitsbedingten Kündigung liegt der Kündigungsgrund in der Person des Arbeitnehmers – in diesem Fall in den Fehlzeiten von Mona Montag. Das heißt, wir benötigen einen anderen Widerspruchsgrund«, antwortet Franzi.

Der Betriebsrat muss vom Arbeitgeber vor jeder Kündigung gehört werden, so § 102 Abs. 1 Satz 1 Betriebsverfassungsgesetz (BetrVG). Das bedeutet: Die Interessenvertretung ist immer vorher zu informieren. Sie erfährt von einer drohenden Kündigung, bevor diese gegenüber dem Arbeitnehmer ausgesprochen wird. Dem Betriebsrat sind auch die Kündigungsgründe mitzuteilen. Über die der Interessenvertretung dabei bekannt gewordenen persönlichen Verhältnisse und Angelegenheiten des Betroffenen muss sie schweigen, sofern die Informationen nach Inhalt und Bedeutung eine vertrauliche Behandlung erfordern.

Tipp:
Eine ohne Anhörung des Betriebsrats ausgesprochene Kündigung ist unwirksam. Es kann sich also durchaus lohnen, bei der Interessenvertretung zu erfragen, ob sie über die Kündigung informiert wurde, sofern sich der Betriebsrat nicht ohnehin mit dem betroffenen Arbeitnehmer in Verbindung setzt.

Der Betriebsrat hat bei einer ordentlichen Kündigung eine Woche, bei einer außerordentlichen Kündigung drei Kalendertage Zeit, sich zu äußern. Er soll, soweit dies erforderlich erscheint, den betroffenen Arbeitnehmer vorab anhören.
Das Gremium kann der ordentlichen Kündigung widersprechen und zusätzlich **Bedenken** äußern. Bei der außerordentlichen Kündigung ist ein Widerspruch nicht möglich. Es bleiben nur Bedenken. Zwischen Bedenken und Widerspruch gibt es erhebliche Unterschiede. Nur der **Widerspruch** löst einen Weiterbeschäftigungsanspruch des Gekündigten nach Ablauf der Kündigungsfrist aus. Voraussetzung ist, dass der Arbeitnehmer gegen die Kündigung klagt. Bei einem Widerspruch sind der Phantasie des Betriebsrats deutliche Grenzen gesetzt. Er kann sich insgesamt nur auf **sechs Gründe** berufen. Sofern es einen anderen freien Arbeitsplatz im Betrieb oder Unternehmen gibt, kann der Betriebsrat eine Versetzung vorschlagen, gegebenenfalls auch nach einer Weiterbildung. Diese Begründung funktioniert sowohl bei der betriebsbedingten als auch bei einer personen- oder verhaltensbedingten Entlassung. Das bedeutet jedoch nicht, dass der Arbeitnehmer tatsächlich auf diesen Arbeitsplatz versetzt wird. Würde der Arbeitgeber eine Versetzung wollen, hätte er diese von sich aus vorgeschlagen. Da die Kündigung erst das letzte Mittel sein darf, ist sie nicht gerechtfertigt, wenn es eine andere Beschäftigungsmöglichkeit gibt. Bei einer betriebsbedingten Kündigung kann der Betriebsrat zudem insbesondere die nicht ausreichende Berücksichtigung der sozialen Gesichtspunkte bemängeln.

Beispiel:
Mit dem für die Kündigung vorgesehen Arbeitnehmer sind Beschäftigte vergleichbar, die jünger sind und weniger Kinder haben.

»Ist in der Qualitätssicherung nicht seit zwei Wochen eine Stelle frei?«, fragt Fritz. »Stimmt, die Stelle müsste passen. Vor allem ist die Tätigkeit körperlich nicht so anstrengend. Das könnte Mona Montag entgegenkommen. Lass uns das noch mal genau checken«, bestätigt die Betriebsratsvorsitzende. »Als Bedenken können wir auch noch anführen, dass der Arbeitgeber sich nur auf die Fehlzeiten im vergangenen Jahr stützt. Anscheinend war Mona vorher nicht auffallend häufig arbeitsunfähig. Ein Jahr ist als Referenzzeitraum ziemlich kurz. Die 20 Tage in diesem Jahr finde ich nicht besonders gravierend«, fasst Franzi zusammen. »Entschuldigt, wenn ich jetzt den Laden aufhalte. Ich verstehe das nicht ganz. Warum müssen wir denn überhaupt einen anderen Arbeitsplatz vorschlagen? Kann Mona nicht auf

ihrem jetzigen Arbeitsplatz bleiben?«, wundert sich ein Betriebsratsmitglied, das noch nicht lange dabei ist. Die Betriebsratsvorsitzende antwortet: »Ich weiß, das ist nicht ganz einleuchtend. Die Beschäftigung auf dem jetzigen Arbeitsplatz will der Arbeitgeber kündigen. Wir benötigen einen Widerspruchsgrund, damit Mona, wenn sie gegen die Kündigung klagt, ihre Weiterbeschäftigung verlangen kann und bis zum Ende des Rechtsstreits Geld vom Arbeitgeber und nicht vom Jobcenter bekommt. Das Gesetz schlägt als Widerspruchsgrund die mögliche Weiterbeschäftigung auf einem anderen Arbeitsplatz vor, nicht auf demselben. Aber um deinen Vorschlag aufzugreifen: Ich würde als Bedenken tatsächlich noch anführen, dass wir davon ausgehen, dass Mona ihre bisherige Tätigkeit weiter ausüben kann. Es ist zu schade, dass wir nicht mit der Arbeitnehmerin sprechen können. Aber nicht zu ändern: Wir müssen ihr, so gut es geht, mit unserer Stellungnahme helfen. Was sie dann daraus macht, liegt nicht mehr in unserer Hand. Aber die Voraussetzungen für die Weiterbeschäftigung und die Argumentation für das Gericht können wir liefern.«

Hinweis:
Hat der Betriebsrat einer fristgemäßen Kündigung begründet und rechtzeitig widersprochen, erhält der Arbeitnehmer mit der Kündigung die Stellungnahme des Betriebsrats. Die Interessenvertretung kennt die betrieblichen Verhältnisse – zum Beispiel freie Arbeitsplätze – besser als die meisten Beschäftigten. Die Argumente des Betriebsrats sind somit wichtig für den Arbeitnehmer und seinen Rechtsbeistand, um die Chancen in einem Arbeitsgerichtsprozess besser einschätzen und eine Klage begründen zu können.
Zudem kann der Arbeitnehmer seine Weiterbeschäftigung verlangen, wenn er gegen die Kündigung klagt und der Betriebsrat widersprochen hat. Das bedeutet, der Gekündigte führt den Kündigungsrechtsstreit als Arbeitnehmer des Betriebs und nicht als Arbeitsloser. Auch wenn der Arbeitgeber den Arbeitnehmer freistellt (und der Arbeitnehmer dies akzeptiert), besteht Anspruch auf Weiterbezahlung.

Wesentlich schwächer in ihren Auswirkungen sind Bedenken. Die Interessenvertretung kann alles vorbringen, was zugunsten des von der Kündigung bedrohten Beschäftigten spricht. Ein Weiterbeschäftigungsanspruch wird dadurch nicht ausgelöst. Denn Bedenken kann der Betriebsrat auch bei einer fristlosen Kündigung äußern. Dann aber hält der Arbeitgeber schon das Abwarten der Kündigungsfrist für unzumutbar. Eine Pflicht zur Weiterbeschäftigung und Weiterbezahlung verträgt sich damit nicht.

Eine fristlose Kündigung kann der Arbeitgeber nur innerhalb von zwei Wochen nach Kenntnisnahme der für die Kündigung maßgebenden Tatsachen aussprechen. Innerhalb dieser Frist muss auch die Anhörung des Betriebsrats erfolgen. Da das Gremium drei Tage Zeit hat für eine Stellungnahme, muss der Arbeitgeber den Betriebsrat spätestens bis zum 10. Tag nach Kenntnis des Kündigungsgrundes anhören.

Kündigungseinspruch beim Betriebsrat

Gekündigte Beschäftigte können auch selbst die Initiative ergreifen und sich an den Betriebsrat wenden. Hält ein Arbeitnehmer eine Kündigung für sozial ungerechtfertigt, kann er gemäß § 3 KSchG innerhalb einer Woche nach der Kündigung Einspruch beim Betriebsrat einlegen. Hält die Interessenvertretung den Einspruch für berechtigt, muss sie versuchen, eine Verständigung mit dem Arbeitgeber herbeizuführen.

7. Auflösung der Fragen zur Kündigung

1. *Für Arbeitgeber und Arbeitnehmer gelten immer die gleichen Kündigungsfristen.*
   Das ist nicht zwangsläufig so. Die gesetzliche Kündigungsfrist für den Arbeitgeber verlängert sich gemäß § 622 Abs. 2 BGB mit der Dauer der Unternehmens- oder Betriebszugehörigkeit des Arbeitnehmers. Tarifverträge können längere oder kürzere Kündigungsfristen vorsehen. Im Arbeitsvertrag kann nur eine längere Frist vereinbart werden, die dann auch für den Arbeitnehmer gelten kann. Allerdings darf die Kündigungsfrist für den Arbeitnehmer nicht länger sein als die für den Arbeitgeber.
2. *Die Frist zur Einreichung einer Kündigungsschutzklage beginnt mit Ausstellung der Kündigung.*
   Nein, die Frist beginnt mit dem Zugang der Kündigung und beträgt drei Wochen.
3. *Um wirksam zu sein, genügt es, wenn die Kündigung in den Machtbereich des Arbeitnehmers gelangt.*
   Das ist richtig. Zum Machtbereich zählt auch der Hausbriefkasten.
4. *Eine am Sonntag durch den Arbeitgeber in den Briefkasten des Arbeitnehmers geworfene Kündigung gilt als am Montag zugestellt.*
   Sonntags muss niemand seinen Briefkasten leeren. Daher gilt die Kündigung als am nächsten Werktag zugegangen. Dies ist der Mon-

tag, sofern es sich nicht um einen Feiertag wie Ostermontag oder Pfingstmontag handelt.

5. *Während des Urlaubs des Arbeitnehmers kann der Arbeitgeber ihm keine Kündigung zustellen.*
   Das stimmt nicht. Die Kündigung geht zu, wenn sie an die Wohnungsanschrift zugestellt wird bzw. in den Hausbriefkasten gelangt. Der Arbeitnehmer muss dafür sorgen, dass ihm auch während einer längeren Reise Post zugestellt werden kann. Das heißt, er muss gegebenenfalls vertraute Personen beauftragen, seinen Briefkasten zu leeren oder sich die Post an den Urlaubsort nachsenden lassen. Allerdings besteht unter bestimmten Umständen die Möglichkeit, auch nach Ablauf der Drei-Wochen-Frist eine Kündigungsschutzklage einzureichen.
6. *Eine Kündigung ist nur gültig, wenn in der Erklärung das Wort »Kündigung« verwendet wird.*
   Zwar muss die Kündigung deutlich und zweifelsfrei erfolgen. Das Wort »Kündigung« muss jedoch nicht verwendet werden. Aus dem Gesamtzusammenhang muss sich ergeben, dass eine Beendigung des Arbeitsverhältnisses gewollt ist. Unklarheiten gehen zu Lasten des Kündigenden.
7. *Ein Kündigungsschreiben muss immer eine Begründung für die Kündigung enthalten, sonst ist die Kündigung unwirksam.*
   Das gilt leider gesetzlich nur für Kündigungen von Auszubildenden außerhalb der Probezeit und bei »genehmigten« Kündigungen während der Schwangerschaft und bis zum Ablauf von vier Monaten nach der Entbindung (§ 22 Abs. 3 Berufsbildungsgesetz, § 17 Abs. 2 Mutterschutzgesetz). Bei allen anderen Kündigungen muss der Kündigungsgrund dem Arbeitnehmer nicht mitgeteilt werden. Eine nachträgliche Auskunft über den Grund kann der Arbeitnehmer vom Arbeitgeber bei fristlosen Kündigungen verlangen. In Tarif- oder Arbeitsverträgen kann die Angabe der Kündigungsgründe vorgeschrieben sein. Dem Betriebsrat muss der Arbeitgeber die Kündigungsgründe immer mitteilen.
8. *Während einer Arbeitsunfähigkeit ist der Arbeitnehmer »unkündbar«.*
   Das stimmt nicht. Der Arbeitgeber darf auch arbeitsunfähig erkrankten Arbeitnehmern kündigen.
9. *Der Arbeitnehmer muss zwingend vor Ausspruch der Kündigung vom Arbeitgeber angehört werden.*
   Dies ist grundsätzlich nicht wahr. Eine Ausnahme ist die sogenannte Verdachtskündigung. Stützt der Arbeitgeber sich lediglich auf den

Verdacht einer strafbaren Handlung, muss er dem Arbeitnehmer Gelegenheit dazu geben, die Vorwürfe zu entkräften.

10. *Eine Kündigung, die ohne Zustimmung des Betriebsrats ausgesprochen wird, ist unwirksam.*
    Das stimmt. Bei schwerbehinderten Arbeitnehmern muss der Arbeitgeber auch die Schwerbehindertenvertretung beteiligen. Tut er dies nicht, ist die Kündigung ebenfalls unwirksam.

VI. Kündigungsschutz

1. Allgemeiner Kündigungsschutz

Wie viel wissen Sie bereits über den Kündigungsschutz? Stimmen die nachfolgenden Aussagen? Die Auflösung finden Sie wieder am Ende des Kapitels auf den Seiten 101 und 102.

1. Arbeiternehmer können nur gegen eine ordentliche Kündigung klagen.
2. Auch vor einer Kündigung während der Probezeit muss der Betriebsrat beteiligt werden.
3. Die Kündigung eines schwerbehinderten Arbeitnehmers ist nicht möglich.
4. Wird eine schwangere Arbeitnehmerin gekündigt, muss sie nicht klagen, weil die Kündigung ohnehin unwirksam ist.
5. Während der Berufsausbildung ist eine ordentliche Kündigung durch den Arbeitgeber ausgeschlossen.
6. Um eine Kündigungsschutzklage einzureichen, braucht man zwingend einen Rechtsanwalt.
7. Gewerkschaftsmitglieder bekommen Rechtsschutz von ihrer Gewerkschaft.
8. Wer den Kündigungsschutzprozess vor dem Arbeitsgericht verliert, trägt alle Kosten.

»Das ist ja wohl die Höhe!«, empört sich Franzi und lenkt die Aufmerksamkeit von Fritz auf sich. »Was ist los?« »Eine Freundin hat mich gerade völlig aufgelöst angerufen. Ihr Mann Robert hatte einen Arbeitsunfall und musste ins Krankenhaus. Sein Chef hat ihn dort vorhin besucht.« »Das ist doch sehr fürsorglich.« »Von wegen, Fritz. Der Chef wollte sich nicht nach seinem Gesundheitszustand erkundigen. Er hat ihm die Kündigung in die unverletzt gebliebene Hand gedrückt!« »Das ist echt krass.« »Es kommt noch schlimmer. Meine Freundin ist schwanger. Die beiden sind auf Roberts Einkommen angewiesen. Der hat erst vor vier Monaten in der Firma angefan-

gen und sich total gefreut, weil er ein paar Euro mehr verdient als bei seinem alten Arbeitgeber. Und jetzt das!« »Oh je, dann fällt er ja nicht einmal unter das Kündigungsschutzgesetz.« »So ist es. Das gilt ja erst nach sechs Monaten. Aber so eine Kündigung ist doch trotzdem nicht rechtens, oder? Wie ich meine Freundin verstanden habe, hat das Unternehmen Arbeitsschutzbestimmungen verletzt und zumindest eine Mitschuld an dem Unfall. Ganz klar ist das noch nicht.« »Ich kann mir auch nicht vorstellen, dass eine solche Kündigung wirksam ist. Deine Freunde sollten sich juristisch beraten lassen. Ist Robert in der Gewerkschaft?« »Ja, schon seit vielen Jahren. Die werden ihm sicherlich weiterhelfen. Wenigstens ist er nicht allzu schwer verletzt.«

Dieses Beispiel aus dem Freundeskreis von Franzi ist leider nicht der wilden Phantasie der Autorin entsprungen. Das Landesarbeitsgericht Bremen musste sich mit einem sehr ähnlichen Fall auseinandersetzen. Ein Arbeitnehmer hatte einen schweren Arbeitsunfall erlitten und erhielt am selben Tag kurz vor der Operation die Kündigung. Obwohl dringende betriebliche Erfordernisse vorlagen, hielten die Richter die Kündigung für unwirksam wegen eines Verstoßes gegen den in § 242 BGB verankerten Grundsatz von Treu und Glauben (LAG Bremen 29.10.1985 – 4 Sa 151/85).
Der allgemeine Kündigungsschutz gilt für alle Arbeitnehmerinnen und Arbeitnehmer, unabhängig von der Dauer ihrer Beschäftigungszeit und der Anzahl der Mitarbeiterinnen und Mitarbeiter im Betrieb oder Unternehmen. **Unwirksam** sind Kündigungen, die

- gegen Treu und Glauben (§ 242 BGB) verstoßen
- sittenwidrig sind (§ 138 Abs. 1 BGB)
- gegen das Maßregelungsverbot (§ 612a BGB) verstoßen
- diskriminierend sind (§ 7 AGG in Verbindung mit § 134 BGB)
- ohne Anhörung des Betriebsrats ausgesprochen werden
- bei schwerbehinderten Menschen ohne Beteiligung der Schwerbehindertenvertretung ausgesprochen werden.

Beispiele:
Der Grundsatz von Treu und Glauben ist verletzt, wenn die Kündigung eines leitenden Angestellten durch einen hierfür mit einer Vollmacht ausgestatteten Auszubildenden erfolgt. Eine Kündigung verstößt gegen die guten Sitten, wenn Vergeltung oder Rachsucht die Kündigungsmotive sind. Wird ein Arbeitnehmer dafür »bestraft«, dass er seine ihm zustehenden Rechte – zum Beispiel auf Urlaub oder Pausen – wahrnimmt, verstößt die Kündigung gegen das Maßregelungsverbot. Werden bei einer Vielzahl von Kündigungen hauptsächlich Frauen oder ausländische Beschäftigte entlassen, kann dies für einen Verstoß gegen das Diskriminierungsverbot sprechen.

Vorsicht Falle:
Klagt ein Gekündigter nicht vor dem Arbeitsgericht, gilt die Kündigung als von Anfang an rechtswirksam.

Massenentlassung und Betriebsübergang

Besondere Vorschriften muss der Arbeitgeber zudem bei sogenannten Massenentlassungen im Sinne des § 17 KSchG beachten. In diesen Fällen wird eine Vielzahl von Beschäftigten innerhalb einer bestimmten Frist entlassen. Der Arbeitgeber ist verpflichtet, eine Anzeige bei der Agentur für Arbeit zu erstatten. Zudem ist der Betriebsrat schriftlich zu informieren. Erfüllt der Arbeitgeber diese Pflichten nicht, sind die ausgesprochenen Kündigungen unwirksam.
Zudem regelt § 613a Abs. 4 BGB die Unzulässigkeit der Kündigung aus Anlass eines Inhaberwechsels. Danach ist die Kündigung des Arbeitsverhältnisses durch den bisherigen Arbeitgeber oder durch den neuen Inhaber wegen des Übergangs eines Betriebs oder eines Betriebsteils unwirksam. Allerdings bleibt das Recht zur Kündigung aus anderen Gründen – personen- oder verhaltensbedingt – unberührt.

Kündigungsschutzgesetz

Bestimmungen zur Kündigungsfrist und zur fristlosen Kündigung sind im BGB geregelt. Das Kündigungsschutzgesetz hingegen enthält »Spielregeln« für ordentliche Kündigungen und ist damit ein wesentlicher Baustein beim Bestandsschutz von Arbeitsverhältnissen. Allerdings sollte man sich von dem Namen nicht allzu sehr täuschen lassen. Das Wort »Kündigungsschutzgesetz« lässt hoffen, dass Beschäftigte vor einer Kündigung geschützt sind. Ganz so ist es leider nicht. Der Arbeitgeber kann immer kündigen, aber nicht jede Kündigung ist rechtens. Wichtig ist allerdings immer, dass der Gekündigte klagt. Versäumt er dies innerhalb der Klagefrist von drei Wochen, gilt die Kündigung – wie bereits erwähnt – als von Anfang an rechtswirksam.

Geltungsbereich

Um die Sozialwidrigkeit einer Kündigung geltend zu machen, muss der Betroffene unter den Anwendungsbereich des Kündigungsschutzgesetzes fallen. Das Kündigungsschutzgesetz gilt für Arbeitnehmerinnen und Arbeitnehmer, die in Betrieben mit mehr als zehn Beschäftigten tätig sind und deren Arbeitsverhältnis bereits länger als sechs Monate besteht. Das bedeutet: Es müssen zwei Voraussetzungen erfüllt sein: Der Betrieb muss genügend Mitarbeiterinnen und Mitarbeiter (Schwellenwert) beschäftigen und der von der Kündigung Betroffene verfügt über eine Betriebs- oder Unternehmenszugehörigkeit von mehr als sechs Monaten.

Hintergrundinformation:
Arbeitnehmer in Kleinbetrieben bis zu einer bestimmten Beschäftigtengröße fallen nicht unter den Geltungsbereich des Kündigungsschutzgesetzes. Geregelt ist dies in § 23 KSchG. Zwischen 1996 und 2004 wechselte der Schwellenwert mehrmals zwischen fünf und zehn Beschäftigten. Seit 1.1.2004 gilt: Es müssen mehr als zehn Arbeitnehmer beschäftigt sein. Dadurch ist die Regelung kompliziert geworden, weil in kleinen Betrieben nun gegebenenfalls unterschieden werden muss zwischen Arbeitnehmern, die bereits vor dem 1.1.2004 beschäftigt waren, und Arbeitnehmern, die nach dem 1.1.2004 in den Betrieb eingetreten sind.
Beispiel: In einem Betrieb sind sechs Vollzeit-Arbeitnehmer vor dem 1.1.2004 beschäftigt. Danach werden vier weitere Vollzeit-Arbeitnehmer eingestellt. Nur die sechs bereits vor dem 1.4.2004 beschäftigten Arbeitnehmer behalten ihren Kündigungsschutz nach dem Kündigungsschutzgesetz. Werden statt vier nun fünf Mitarbeiter nach dem 31.12.2003 eingestellt, partizipieren alle 11 vom Kündigungsschutz. Kommt es nicht zu Neueinstellungen und wird einer der sechs »ursprünglichen« Arbeitnehmer gekündigt, verlieren die verbleibenden fünf den Kündigungsschutz nach dem Kündigungsschutzgesetz. Der Gekündigte kann sich noch auf das Kündigungsschutzgesetz berufen.
Auszubildende werden nicht, Teilzeitbeschäftigte anteilig berücksichtigt bei der Arbeitnehmeranzahl. Bei einer Arbeitszeit von bis zu 20 Stunden/Woche zählen sie mit 0,5, bis 30 Stunden/Woche mit 0,75. Das bedeutet: Sind Teilzeit-Arbeitnehmer beschäftigt, beginnt der Kündigungsschutz nach dem Kündigungsschutzgesetz bei 10,25 Arbeitnehmern, in Betrieben mit »nur« Vollzeit-Arbeitnehmern bei 11, da die Regel »mehr als zehn« lautet. Regelmäßig im Betrieb beschäftigte Leiharbeitnehmer werden mitgezählt. Nach herrschender Meinung bezieht sich der Schwellenwert nicht auf den Betrieb, sondern auf das Unternehmen, zu dem der Kleinbetrieb gehört. Davon partizipieren beispielsweise Mitarbeiterinnen und Mitarbeiter in kleinen Filialen großer Handelsunternehmen wie etwa Rossmann, Aldi usw. Sie können sich auch auf den Kündigungsschutz berufen, wenn die »eigene« Filiale unterhalb des Schwellenwertes liegt.

Der Betroffene muss in demselben Betrieb oder Unternehmen länger als sechs Monate beschäftigt sein. Zeiten der Berufsausbildung werden berücksichtigt. Das gilt auch für Beschäftigungszeiten, die vor einem Betriebsübergang bei dem ehemaligen Inhaber absolviert wurden, nicht aber für Zeiten in einem anderen Unternehmen eines Konzerns. Tarif- oder Arbeitsverträge können regeln, dass der Kündigungsschutz bereits früher greift.

Tipp:
Arbeitnehmer im Kleinbetrieb oder mit einer zu kurzen Beschäftigungszeit können sich dennoch mit einer Klage gegen die Kündigung wehren, wenn diese gegen sonstige Vorschriften verstößt, beispielsweise gegen die guten Sitten oder das Benachteiligungsverbot, oder wenn der Betriebsrat nicht angehört worden ist.

Die Arbeitnehmerin Sonja Sonntag ist vor acht Monaten eingestellt worden. Drei Monate später erlitt sie schwere Verletzungen bei einem privaten Autounfall. Seither ist sie arbeitsunfähig. Sonja hat gehört, dass bei der Irgendwo GmbH eventuell aufgrund der derzeit schwierigen wirtschaftlichen Situation Kündigungen bevorstehen und sorgt sich um ihren Arbeitsplatz. Sie meldet sich telefonisch beim Betriebsrat. »Ich habe natürlich Angst, dass ich die Kündigung bekomme. Ich habe lediglich drei Monate gearbeitet, seither bin ich arbeitsunfähig. Kann ich mich trotzdem im Falle eines Falles auf das Kündigungsschutzgesetz berufen?« Franzi kann Sonja ein wenig beruhigen. »Die Frist von sechs Monaten ist bei dir überschritten. Auch wenn du arbeitsunfähig erkrankt bist, läuft die anrechnungsfähige Zeit weiter, und du fällst unter das Kündigungsschutzgesetz. Das heißt, du kannst dich vor dem Arbeitsgericht auf die Sozialwidrigkeit der Entlassung berufen. Ich kann dir aber versichern: Es liegt uns derzeit keine Kündigungsanhörung vor.«

Sozialwidrigkeit der Kündigung

Jede Kündigung muss sozial gerechtfertigt sein, sonst ist sie unwirksam. Voraussetzung ist aber, dass der Gekündigte unter den Geltungsbereich des Kündigungsschutzgesetzes fällt. Nicht sozial gerechtfertigt ist eine Kündigung, wenn sie nicht durch Gründe in der Person des Arbeitnehmers, in seinem Verhalten oder durch dringende betriebliche Erfordernisse, die einer Weiterbeschäftigung in dem Betrieb entgegenstehen, bedingt ist. Bei der personen- und verhaltensbedingten Kündigung sind die Interessen beider Vertragsparteien sorgfältig abzuwägen. Bei der Auswahl des Arbeitnehmers im Rahmen einer betriebsbedingten Kündigung muss der Arbeitgeber die Dauer der Betriebszugehörigkeit, das Lebensalter, die Unterhaltspflichten und eine Schwerbehinderung ausreichend berücksichtigen. Die Kündigung ist ebenfalls nicht gerechtfertigt, wenn der Arbeitnehmer an einem anderen Arbeitsplatz in demselben Betrieb oder in einem anderen Betrieb des Unternehmens weiterbeschäftigt werden kann und der Betriebsrat der Entlassung schriftlich widersprochen hat. Die Kündigung darf auch nicht gegen eine Richtlinie nach § 95 BetrVG verstoßen.

Hintergrundinformation:
In sogenannten Auswahlrichtlinien nach § 95 BetrVG können sich Betriebsrat und Arbeitgeber auf Einzelheiten für die personelle Auswahl bei Kündigungen verständigen.

Ältere Arbeitnehmer

Der Arbeitnehmer Miro Mittwoch besucht die Sprechstunde des Betriebsrats. Er hat davon gehört, dass möglicherweise betriebsbedingte Kündigungen ausgesprochen werden. Miro ist 58 Jahre alt und besorgt, im Falle einer Entlassung keinen adäquaten anderen Arbeitsplatz mehr zu finden. Daher möchte er wissen, ob es einen gesetzlichen Kündigungsschutz speziell für ältere Arbeitnehmer gibt. Fritz gibt gerne Auskunft: »Da muss ich dich enttäuschen. Einen solchen Schutz gibt es im Gesetz nicht. Allerdings gilt für dich wie für die anderen Beschäftigten auch das Kündigungsschutzgesetz. Der Arbeitgeber muss eine soziale Auswahl durchführen. Hier sprechen das Lebensalter und die Dauer der Betriebszugehörigkeit zugunsten älterer Mitarbeiter. Manchmal kommt auch noch eine Schwerbehinderung hinzu. Die Unterhaltspflichten hingegen spielen eher den jüngeren Beschäftigten in die Karten. Mit 58 Jahren bist du noch relativ weit von der Rente entfernt, so dass man hier nicht argumentieren kann, dass du zeitnah Rente beantragen kannst. Somit bist du im Vergleich zu jungen Arbeitnehmern relativ gut geschützt.«

Tipp:
Manche Tarifverträge sehen einen Kündigungsschutz für ältere Arbeitnehmer mit langer Betriebszugehörigkeit vor. Es lohnt sich also, einen Blick in den Tarifvertrag zu werfen, sofern beide Vertragspartner tarifgebunden sind oder die Anwendung des geltenden Tarifvertrags per Arbeitsvertrag vereinbart ist.

2. Sonderregelungen für besonders geschützte Personen

Neben dem allgemeinen Kündigungsschutz gibt es den besonderen Kündigungsschutz. Er besteht für bestimmte Arbeitnehmergruppen wegen ihrer starken arbeitsmarktpolitischen Schutzwürdigkeit oder weil sie sich als Interessenvertreter für die Belange der Beschäftigten einsetzen und damit leicht den »Unmut« des Arbeitgebers auf sich ziehen können.
Insbesondere gilt ein verstärkter Kündigungsschutz für folgende Personengruppen:

- Schwerbehinderte Menschen (§§ 168, 174 SGB IX)
- Werdende Mütter (§ 17 MuSchG)
- Eltern in Elternzeit (§ 18 BEEG)
- Mitglieder des Betriebsrats, der Jugend- und Auszubildendenvertretung sowie Vertrauensleute der schwerbehinderten Menschen, Wahlbewerber und Mitglieder der Wahlvorstände für diese Organe (§ 15 KSchG, § 103 BetrVG)

Darüber hinaus fallen weitere Personen unter einen besonderen Kündigungsschutz wie Betriebsärzte, Fachkräfte für Arbeitssicherheit, Immissionsschutzbeauftragte, Störfallbeauftragte, Betriebsbeauftragte für Abfall, Gewässerschutzbeauftragte und Datenschutzbeauftragte.
Kündigungsschutz besteht auch nach dem Familienpflege- und dem Pflegezeitgesetz. § 5 Pflegezeitgesetz gilt für Beschäftigte, die das Familienpflegegesetz in Anspruch nehmen. Danach gilt: Der Arbeitgeber darf das Beschäftigungsverhältnis von der Ankündigung, höchstens jedoch zwölf Wochen vor dem angekündigten Beginn, bis zur Beendigung der kurzzeitigen Arbeitsverhinderung oder der Freistellung grundsätzlich nicht kündigen. Nur in besonderen Ausnahmefällen kann eine Kündigung von der für den Arbeitsschutz zuständigen obersten Landesbehörde oder der von ihr bestimmten Stelle für zulässig erklärt werden.
Auch für Auszubildende gelten besondere Regeln. Nach der Probezeit ist die ordentliche Kündigung durch den Arbeitgeber ausgeschlossen. Die fristlose Kündigung ist möglich, wenn ein wichtiger Grund vorliegt.

a. Schwerbehinderte Menschen

Schwerbehinderte Menschen sind nicht unkündbar. Sie sind jedoch durch ein formales Verfahren vor dem Ausspruch einer Kündigung besonders geschützt. Dies gilt gleichermaßen für Schwerbehinderte und ihnen gleichgestellte Personen.

Hintergrundinformation:
Eine Schwerbehinderung liegt ab einem Grad der Behinderung (GdB) von mindestens 50 vor. Menschen mit einem Grad der Behinderung von mindestens 30, aber unter 50, können sich von der Agentur für Arbeit einem schwerbehinderten Menschen gleichstellen lassen. Eine Gleichstellung erfolgt, wenn die Person ohne die Gleichstellung keine geeignete Arbeit findet oder behalten kann. Schwerbehinderte Menschen und ihnen Gleichgestellte fallen gleichermaßen unter den besonderen Kündigungsschutz des SGB IX.

Kündigungsprävention

Zu einer Kündigung soll es erst gar nicht erst kommen. Treten personen-, verhaltens- oder betriebsbedingte Schwierigkeiten auf, die zur Gefährdung des Arbeitsverhältnisses mit dem schwerbehinderten Menschen führen können, muss der Arbeitgeber möglichst frühzeitig die Schwerbehindertenvertretung, den Betriebsrat und das Integrationsamt einschalten. Ziel ist es, die Schwierigkeiten zu beseitigen, indem alle Möglichkeiten und alle zur Verfügung stehenden Hilfen zur Beratung und finanzielle Leistungen erörtert werden. Das Beschäftigungsverhältnis soll möglichst dauerhaft fortgesetzt werden. Rechtsgrundlage ist § 167 Abs. 1 SGB IX. Zudem ist der Arbeitgeber gemäß § 167 Abs. 2 SGB IX verpflichtet, ein betriebliches Eingliederungsmanagement (BEM) durchzuführen, wenn Beschäftigte innerhalb eines Jahres länger als sechs Wochen ununterbrochen oder wiederholt arbeitsunfähig erkrankt sind. Ziel ist es, eine krankheitsbedingte Kündigung zu vermeiden. Die Vorschrift gilt nicht nur für schwerbehinderte Menschen, obwohl sie in das Schwerbehindertenrecht integriert ist. Nähere Informationen zum BEM sind im Kapitel V. auf Seite 71 zu finden.

Zustimmung des Integrationsamtes

Nicht immer lassen sich durch Prävention Entlassungen vermeiden. Daher sieht das SGB IX eine wichtige Kündigungshürde für den Arbeitgeber vor. Er muss sowohl vor einer ordentlichen als auch vor einer außerordentlichen Kündigung die Zustimmung des Integrationsamtes beantragen. Die Kündigung eines schwerbehinderten Menschen bedarf also der vorherigen Zustimmung des Integrationsamtes. Das gilt auch in Kleinbetrieben, in denen das Kündigungsschutzgesetz nicht greift. Allerdings muss der Betroffene zum Zeitpunkt des Zugangs der Kündigung bereits sechs Monate im Betrieb beschäftigt sein, um von dem besonderen Kündigungsschutz für schwerbehinderte Menschen profitieren zu können.

> **Vorsicht Falle:**
> Klagt der schwerbehinderte Mensch nicht gegen die Kündigung, ist sie wirksam. Hier gilt nichts anderes als für nicht behinderte Beschäftigte. Sollte der Bescheid des Integrationsamtes dem Arbeitnehmer erst nach der Kündigung zugehen, beginnt die dreiwöchige Klagefrist erst mit dem Zugang des Bescheids.

Das Integrationsamt holt eine Stellungnahme des Betriebsrats und der Schwerbehindertenvertretung ein und hört den betroffenen Arbeitnehmer an. Es wirkt auf eine gütliche Einigung hin. Das Integrationsamt soll die Entscheidung über die Kündigung innerhalb eines Monats vom Tage des Eingangs des Arbeitgeberantrags an treffen. Die Entscheidung liegt im Ermessen des Integrationsamtes. Sie wird dem Arbeitgeber und dem schwerbehinderten Menschen zugestellt. Eine Kopie geht an die Bundesagentur für Arbeit.
Stimmt das Integrationsamt der Kündigung zu, kann der Arbeitgeber nur innerhalb eines Monats nach Zustellung der Zustimmung kündigen. Der Arbeitnehmer kann gegen die Zustimmung des Integrationsamtes Widerspruch einlegen und klagen. Dies hat keine aufschiebende Wirkung und erspart dem Arbeitnehmer auch nicht die Kündigungsschutzklage. Wird jedoch die Zustimmung im Widerspruchsverfahren aufgehoben, ist die Kündigung im Nachhinein unwirksam.

Betriebsschließung, Insolvenz und weitere Ausnahmen

Im Falle einer Betriebsschließung muss das Integrationsamt innerhalb eines Monats nach Eingang des Arbeitgeberantrags entscheiden. Tut es das nicht, gilt die Zustimmung zur Kündigung als erteilt. Zwischen dem Tag der Kündigung und dem Tag, bis zu dem Arbeitsentgelt gezahlt wird, müssen mindestens drei Monate liegen. Auch bei einer erheblichen Betriebseinschränkung oder Insolvenz ist der Ermessenspielraum des Integrationsamtes reduziert.
Der Sonderkündigungsschutz gilt nicht für Arbeitnehmer, die das 58. Lebensjahr vollendet haben, sofern sie Anspruch auf eine Abfindung, Entschädigung oder ähnliche Leistung auf Grund eines Sozialplans oder Anspruch auf Knappschaftsausgleichsleistung nach dem SGB VI oder auf Anpassungsgeld für entlassene Arbeitnehmer des Bergbaus haben, wenn der Arbeitgeber ihnen die Kündigungsabsicht rechtzeitig mitgeteilt

hat und sie der beabsichtigten Kündigung bis zu deren Ausspruch nicht widersprechen.
Eine weitere Ausnahme sind Entlassungen aus Witterungsgründen, sofern die schwerbehinderten Menschen bei Wiederaufnahme der Arbeit wieder eingestellt werden.

Die Schwerbehindertenvertreterin Sabrina nutzt ebenfalls die Räume des Betriebsrats. Die Mitarbeiterin Donna Donnerstag hat sie um ein persönliches Gespräch gebeten. »Hallo Sabrina, danke, dass du dir Zeit für mich nimmst.« »Sehr gerne, Donna. Was kann ich für dich tun?« »Ich mache mir Sorgen um meinen Arbeitsplatz. Es gibt Gerüchte, dass eventuell Leute entlassen werden. Gerade bei mir in der Abteilung sieht es mit der Auftragslage ziemlich mies aus. Ich bin schwerbehindert.« »Oh, das wusste ich nicht.« »Der Arbeitgeber auch nicht. Ich habe das bislang geheim gehalten. Du weißt, es gibt immer noch eine Menge Vorurteile, dass Schwerbehinderte nicht so leistungsfähig seien und so. Sollte ich entlassen werden, kann ich mich dann auf meine Schwerbehinderung berufen, auch wenn ich sie bislang nicht angegeben habe?« »Ja, der Sonderkündigungsschutz gilt auch in diesem Fall. Allerdings musst du den Arbeitgeber innerhalb von drei Wochen nach der Kündigung über deine Schwerbehinderung informieren. Ich gehe davon aus, dass deine Schwerbehinderung bereits anerkannt ist.« »Ja.« »Hättest du bislang nur einen Antrag auf Anerkennung gestellt, müssten zwischen dem Antrag und der Kündigung mindestens drei Wochen liegen. Anderenfalls könntest du dich nicht auf den Sonderkündigungsschutz berufen.« »Dann kann man ja allen, die Aussichten auf die Anerkennung als Schwerbehinderter haben, in der momentanen wirtschaftlich schwierigen Situation des Unternehmens nur raten, möglichst schnell einen Antrag zu stellen.« »Ja Donna, so ist es. Falls du solche Leute kennst, …«

Tipp:
Behinderte Arbeitnehmer sollten schnell reagieren, wenn sie mit einer Kündigung rechnen müssen. Ist zum Zeitpunkt der Kündigung die Schwerbehinderung oder Gleichstellung noch nicht anerkannt, der Betroffene hat aber bereits bei der zuständigen Behörde – in der Regel beim Versorgungsamt (Schwerbehinderung) bzw. bei der Agentur für Arbeit (Gleichstellung) – einen Antrag auf Feststellung der Behinderung bzw. Gleichstellung gestellt, muss der gekündigte Arbeitnehmer den Arbeitgeber innerhalb von drei Wochen nach Zugang der Kündigung darüber informieren. Wird dem Antrag auf Feststellung der Behinderung bzw. Gleichstellung stattgegeben, wird die Kündigung rückwirkend unwirksam.

> Auch hier gilt: Der Gekündigte muss die Unwirksamkeit der Kündigung durch eine Kündigungsschutzklage innerhalb von drei Wochen geltend machen.

Wird der **Antrag auf Feststellung der Behinderung** erst nach Ausspruch der Kündigung gestellt, entfällt der besondere Kündigungsschutz. Das gilt auch dann, wenn die Schwerbehinderung rückwirkend für einen vor dem Ausspruch der Kündigung liegenden Zeitraum anerkannt wird. Der Sonderkündigungsschutz entfällt auch dann, wenn die zuständige Behörde eine fristgerechte Feststellung der Schwerbehinderteneigenschaft wegen fehlender Mitwirkung des Arbeitnehmers nicht treffen konnte. Das Arbeitsgericht muss bei der Kündigungsschutzklage allerdings die Schwerbehinderung berücksichtigen.
In Ausnahmefällen kann es für den Kündigungsschutz genügen, wenn eine Schwerbehinderung offenkundig ist, ohne dass eine Anerkennung vorliegt. Das bedeutet: Die Beeinträchtigung ist so erheblich, dass der Arbeitgeber sie auch ohne sozialmedizinische Vorbildung offensichtlich als Schwerbehinderung erkennen kann.

> **Beispiele:**
> Rollstuhlfahrer, offensichtliche Amputation, Blindheit

Außerordentliche Kündigung

Auch bei einer außerordentlichen Kündigung muss das Integrationsamt vorher zustimmen. Der Arbeitgeber kann die Zustimmung des Integrationsamtes zur außerordentlichen Kündigung nur innerhalb von zwei Wochen, nachdem er von den für die Kündigung maßgebenden Tatsachen Kenntnis erlangt hat, beantragen. Das Integrationsamt entscheidet innerhalb von zwei Wochen nach Eingang des Antrags. Wird innerhalb dieser Frist keine Entscheidung getroffen, gilt die Zustimmung zur Kündigung als erteilt. Das Integrationsamt soll die Zustimmung erteilen, wenn die Kündigung nicht im Zusammenhang mit der Behinderung steht. Das bedeutet: Eine Schwerbehinderung schützt nicht vor einer Kündigung wegen Diebstahls, Betrugs usw.
Grundsätzlich gilt: Der Arbeitgeber kann nur innerhalb von zwei Wochen fristlos kündigen. Die Frist beginnt, wenn er die maßgeblichen Kündigungsgründe erfährt. Bei schwerbehinderten Menschen ist eine fristlose Kündigung auch nach Ablauf der Zwei-Wochen-Frist möglich, wenn sie unverzüglich nach Erteilung der Zustimmung des Integrationsamtes erklärt wird. Unverzüglich bedeutet ohne schuldhaftes Zögern. Nach einer

Zeitspanne von mehr als einer Woche kann hier grundsätzlich nicht mehr von unverzüglich gesprochen werden.

Beteiligung der Schwerbehindertenvertretung

Das Bundesteilhabegesetz vom 23.12.2016 hat den Kündigungsschutz schwerbehinderter Menschen nochmals verstärkt. Der Arbeitgeber muss vor einer Kündigung nicht nur den Betriebsrat anhören, sondern auch die Schwerbehindertenvertretung. Eine ohne vorherige Beteiligung der Schwerbehindertenvertretung ausgesprochene Kündigung ist unwirksam.

b. Mutterschutz und Elternzeit

Fritz erinnert sich an die tragische Geschichte aus Franzis Freundeskreis. »Sag mal, Franzi, wie geht es eigentlich deiner schwangeren Freundin und ihrem Mann? Hat er sich nach dem Arbeitsunfall schon etwas erholt, und was ist aus der Kündigung am Krankenbett geworden?« »Danke der Nachfrage. Ja, er wird keine bleibenden Schäden zurückbehalten. Gegen die Kündigung hat er mit Hilfe der Gewerkschaft geklagt. Zum Glück ›genießt‹ meine Freundin durch die Schwangerschaft Kündigungsschutz. Apropos Schwangerschaft: Bei unserer augenblicklichen schlechten Auftragslage bringt die Sorge um den Job manch kreative Idee hervor. Heute Morgen auf dem Weg durch den Betrieb hat mich eine Arbeitnehmerin gefragt, ob denn eine Kündigung wirksam ist, wenn sie zwar nach Zugang der Kündigung, aber noch innerhalb der Kündigungsfrist schwanger wird.« »Da gilt leider: Wer zu spät kommt, den bestraft das Leben.«

Während der Schwangerschaft und bis zum Ablauf von vier Monaten nach der Entbindung besteht ein besonderer Kündigungsschutz. Bei einer Fehlgeburt nach der zwölften Schwangerschaftswoche ist eine Kündigung ebenfalls bis zum Ablauf von vier Monaten ausgeschlossen. Der Kündigungsschutz gilt für alle berufstätigen Frauen in festen Arbeitsverhältnissen, unabhängig von der Betriebsgröße und auch bei Teilzeitarbeit und während der Probezeit. Nur in Ausnahmefällen kann die zuständige oberste Landesbehörde auf Antrag des Arbeitgebers die Kündigung genehmigen, sofern verhaltens- oder betriebsbedingte Gründe vorliegen, die mit der Schwangerschaft nichts zu tun haben. Die Kündigung muss den genehmigten und zulässigen Grund für die Entlassung enthalten. Eine Eigenkündigung während der Schwangerschaft ist allerdings ebenso möglich wie der Abschluss eines Aufhebungsvertrags.

Vorsicht Falle:
Ein befristeter Vertrag läuft aus, ohne dass es einer Kündigung bedarf. Hier greift kein Kündigungsschutz.

Voraussetzung für den Kündigungsschutz ist, dass der Arbeitgeber zum Zeitpunkt der Kündigung von der Schwangerschaft, der Fehlgeburt nach der zwölften Schwangerschaftswoche oder der Entbindung wusste oder die Gekündigte ihn innerhalb von zwei Wochen nach Zugang der Kündigung darüber informiert. Erfährt eine werdende Mutter erst nach der Kündigung von ihrer Schwangerschaft und informiert dann ihren Arbeitgeber, greift der Kündigungsschutz ebenfalls. Klagt die betroffene Arbeitnehmerin nicht gegen eine Kündigung, wird diese wirksam.

Hintergrundinformation:
Schwangere sollen dem Arbeitgeber unverzüglich nach Kenntnis ihre Schwangerschaft und den voraussichtlichen Tag der Entbindung mitteilen. Auf Grundlage des erwarteten Geburtstermins werden unter anderem Fristen für das Beschäftigungsverbot vor der Entbindung berechnet. Außerdem kann sich der Arbeitgeber auf den anstehenden Ausfall der Mitarbeiterin vorbereiten und eine Vertretung einstellen und/oder die Arbeit umorganisieren.

Der Kündigungsschutz nach dem Bundeselterngeld- und Elternzeitgesetz (BEEG) ist in § 18 geregelt. Der Arbeitgeber darf das Arbeitsverhältnis ab dem Zeitpunkt, von dem an Elternzeit verlangt worden ist, nicht kündigen. Dieser Kündigungsschutz beginnt

- frühestens acht Wochen vor Beginn einer Elternzeit bis zum vollendeten dritten Lebensjahr des Kindes und
- frühestens 14 Wochen vor Beginn einer Elternzeit zwischen dem dritten Geburtstag und dem vollendeten achten Lebensjahr des Kindes.

Während der Elternzeit ist eine Kündigung unzulässig. Nur in besonderen Fällen kann die für den Arbeitsschutz zuständige oberste Landesbehörde oder die von ihr bestimmte Stelle die Kündigung für zulässig erklären. Der Kündigungsschutz gilt auch dann, wenn Beschäftigte während der Elternzeit bei ihrem Arbeitgeber in Teilzeit arbeiten.
Zum Ende der Elternzeit kann der Arbeitnehmer oder die Arbeitnehmerin das Arbeitsverhältnis nur unter Einhaltung einer Frist von drei Monaten kündigen. Zu anderen Zeitpunkten während oder nach dem Ende der Elternzeit gilt die auf das Arbeitsverhältnis anzuwendende vertragliche, tarifliche oder gesetzliche Kündigungsfrist.

Vorsicht Falle:
Der Sonderkündigungsschutz greift nicht, wenn der Beschäftigte während der Elternzeit bei einem anderen Arbeitgeber in Teilzeit arbeitet.

c. Betriebsräte und andere Interessenvertreter

Der Betriebsrat der Irgendwo GmbH trifft sich zu seiner wöchentlichen Sitzung. Zum ersten Mal dabei ist das Ersatzmitglied Philipp. Er vertritt ein erkranktes Betriebsratsmitglied. Philipp hat angesichts der angespannten Auftragslage bei dem Unternehmen gleich eine wichtige Frage: »Also, nicht dass ihr mich falsch versteht: Ich freue mich total, heute dabei zu sein und möchte mich im Betriebsrat engagieren. Da ich noch ziemlich jung bin und kinderlos, habe ich Angst, rausgeschmissen zu werden. Deshalb würde ich gerne wissen, wie lange ich Kündigungsschutz habe, wenn ich jetzt vorübergehend in den Betriebsrat nachrücke.« Franzi antwortet: »Ich kann deine Sorgen gut verstehen. Wir alle wissen, dass du nicht wegen der Vorteile bei Entlassungen kandidiert hast. Ich denke, wir können dich ein bisschen beruhigen: Du bist vor ordentlichen Kündigungen nun ein Jahr geschützt.«

Mandatsträger wie Schwerbehindertenvertretungen, Betriebsräte und die Jugend- und Auszubildendenvertretung setzen sich für die Beschäftigten ein. Sie müssen vom Arbeitgeber rechtzeitig und umfassend informiert werden und sie können Rechte und Vereinbarungen für die Arbeitnehmerinnen und Arbeitnehmer durchsetzen. Das ist einigen Arbeitgebern ein lästiges Übel. Zudem verursacht die Tätigkeit der Interessenvertreter Kosten. Daher müssen sie besonders vor Benachteiligungen und insbesondere vor Entlassungen geschützt werden. Ansonsten wäre der Arbeitgeber in der Lage, ein Gremium aufzulösen, indem er den einzelnen Mitgliedern kündigt. Natürlich sollte der Kündigungsschutz nicht die alleinige Motivation zur Übernahme eines Mandates sein.
Betriebsratsmitglieder und Mitglieder der Jugend- und Auszubildendenvertretung sind vor ordentlichen Kündigungen während ihrer Amtszeit und bis zu einem Jahr danach geschützt. Eine Ausnahme besteht bei einer Stilllegung des gesamten Betriebs. Hier ist eine Kündigung frühestens zum Zeitpunkt der Stilllegung möglich. Wird lediglich die Betriebsabteilung geschlossen, in der ein Mandatsträger beschäftigt ist, muss er in eine andere Betriebsabteilung übernommen werden. Nur wenn dies aus betrieblichen Gründen nicht möglich ist, kann der Arbeitgeber ihn entlassen.
Natürlich dürfen auch Interessenvertreter keine Pflichtverletzung begehen, die eine fristlose Kündigung aus wichtigem Grund rechtfertigt. Um

sie aber auch hier vor Überreaktionen oder sogar falschen Behauptungen des Arbeitgebers zu schützen, ist für eine außerordentliche Kündigung die **Zustimmung des Betriebsrats** erforderlich. Dies gilt auch für eine Versetzung gegen den Willen des Betroffenen, wenn diese dazu führt, dass er sein Mandat verliert.

> **Beispiel:**
> Betriebsräte werden für einen Betrieb gewählt. Ein Unternehmen kann mehr als einen Betrieb haben. Will der Arbeitgeber ein Betriebsratsmitglied nun von Betrieb A in Betrieb B versetzen, würde es sein Mandat verlieren, da es nur für Betrieb A gewählt ist.

Verweigert der Betriebsrat seine Zustimmung zur außerordentlichen Kündigung, darf der Arbeitgeber nicht kündigen. Äußert sich der Betriebsrat nicht, gilt seine Zustimmung zur außerordentlichen Kündigung als verweigert. Will der Arbeitgeber an seiner Entlassungsabsicht festhalten, kann er beim Arbeitsgericht beantragen, die fehlende Zustimmung des Betriebsrats zu ersetzen. Ersetzt das Arbeitsgericht die Zustimmung, kann der Arbeitgeber erst kündigen, wenn keine Rechtsmittel mehr eingelegt werden können und der Beschluss rechtskräftig geworden ist.
Unterschieden wird zudem zwischen dem Verhalten als Arbeitnehmer und dem Verhalten als Betriebsratsmitglied. Mit einer Abmahnung oder Kündigung wird arbeitsvertragliches Fehlverhalten sanktioniert. Verstößt ein Betriebsratsmitglied hingegen grob gegen seine Pflichten als Interessenvertreter, kann der Arbeitgeber beim Arbeitsgericht beantragen, ihn aus dem Amt entheben zu lassen.
Rücken **Ersatzmitglieder** vorübergehend für verhinderte Betriebsratsmitglieder nach, sind sie während der Vertretungszeit und bis zu einem Jahr danach ebenfalls vor ordentlichen Kündigungen geschützt. Der Schutz vor außerordentlichen Kündigungen gilt nur während der Vertretungszeit.
Vertrauenspersonen der Schwerbehinderten genießen den gleichen Kündigungsschutz wie Betriebsratsmitglieder. Das stellvertretende Mitglied besitzt während der Vertretung und der Heranziehung den gleichen Schutz wie Betriebsratsmitglieder, ansonsten wie die Ersatzmitglieder des Betriebsrats.
Auch **Wahlbewerber** für das Amt einer der Interessenvertretungen und Wahlvorstandsmitglieder sind bis sechs Monate nach Bekanntgabe des Wahlergebnisses vor Kündigungen geschützt.

Die ersten sechs Arbeitnehmer, die zu einer Betriebswahl einladen oder die ersten drei Arbeitnehmer, die die Bestellung eines Wahlvorstands beim Arbeitsgericht beantragen, haben vom Zeitpunkt der Einladung bzw. Antragstellung an für drei Monate Kündigungsschutz. Vorbereitungshandlungen zur (erstmaligen) Errichtung eines Betriebsrats – wie etwa Gespräche führen – sind ebenfalls unter bestimmten Umständen für maximal drei Monate geschützt. Erforderlich ist hier jedoch eine öffentlich beglaubigte Erklärung bei einem Notar, dass die Absicht besteht, einen Betriebsrat zu gründen.

Tipp:
Wer in bislang betriebsratslosen Betrieben eine Betriebsratswahl initiieren will, sollte sich an eine im Betrieb vertretene Gewerkschaft wenden. Eine Gewerkschaft ist im Betrieb vertreten, wenn ihr mindestens ein Arbeitnehmer oder eine Arbeitnehmerin angehört. Gewerkschaften haben Erfahrungen mit Betriebsratswahlen und können die erforderlichen Schritte einleiten. Besteht bereits ein Gesamt- oder Konzernbetriebsrat, ist es seine Aufgabe, einen Wahlvorstand zur Wahl eines Betriebsrats zu bestellen. Da Zuständigkeiten und Aufgaben eines Gesamt- oder Konzernbetriebsrats sich erheblich von denen eines örtlichen Betriebsrats unterscheiden, ist es wichtig, dass jeder Betrieb eine eigene Interessenvertretung wählt.

Befristete Verträge

Ein Berufsausbildungsverhältnis ist befristet. Es endet mit Ablauf der Ausbildungszeit, ohne dass es einer Kündigung bedarf. Sind Auszubildende Mitglieder der Jugend- und Auszubildendenvertretung oder des Betriebsrats, nützt ihnen der Schutz vor ordentlichen Kündigungen wenig, wenn ihr Vertrag einfach ausläuft. Sie können jedoch ihre unbefristete Übernahme vom Arbeitgeber verlangen. Der Arbeitgeber muss dem Auszubildenden drei Monate vor Beendigung des Berufsausbildungsverhältnisses schriftlich erklären, dass er ihn nicht unbefristet übernehmen will. Verlangt der Auszubildende nun innerhalb dieser drei Monate schriftlich die Weiterbeschäftigung, gilt zwischen Auszubildendem und Arbeitgeber im Anschluss an das Berufsausbildungsverhältnis ein unbefristetes Arbeitsverhältnis als begründet. In Ausnahmefällen kann sich der Arbeitgeber durch das Arbeitsgericht von der Verpflichtung zur Übernahme entbinden lassen.
Für Mandatsträger mit einem befristeten Arbeitsvertrag gibt es leider keine vergleichbare Regelung. Allerdings dürfen sie nicht wegen ihres Amtes benachteiligt werden.

Beispiel:
Das Betriebsratsmitglied Alex ist befristet beschäftigt. Andere Arbeitnehmer mit vergleichbaren befristeten Arbeitsverträgen erhalten eine Vertragsverlängerung. Alex dagegen nicht. Hier liegt der Verdacht nahe, dass Alex wegen seiner Betriebsratstätigkeit benachteiligt wird.

3. Kündigungsschutzklage

Wer seine Kündigung nicht einfach akzeptieren will, muss dagegen vor dem Arbeitsgericht klagen. Die Frist für das Einreichen einer Kündigungsschutzklage beträgt drei Wochen ab Zugang der Kündigung. Der letzte Tag der Frist heißt ebenso wie der Tag des Kündigungszugangs. Die Klage wird dem Klagegegner zugestellt.

Hintergrundinformation:
Die Gerichtsbarkeit in Arbeitssachen wird ausgeübt durch
- die Arbeitsgerichte
- die Landesarbeitsgerichte
- das Bundesarbeitsgericht.

Jede Kammer beim Arbeitsgericht und Landesarbeitsgericht ist besetzt mit einem vorsitzenden Berufsrichter und je einem ehrenamtlichen Richter aus den Kreisen der Arbeitnehmer und Arbeitgeber. Alle drei Richter entscheiden gemeinsam, wobei die ehrenamtlichen Richter ihre Praxiserfahrungen aus den Betrieben einfließen lassen sollen.
Jedes Bundesland hat mindestens ein Landesarbeitsgericht, Bayern hat zwei und Nordrhein-Westfalen drei.
Das Bundesarbeitsgericht hat seinen Sitz in Erfurt. Jeder Senat wird tätig in der Besetzung mit einem Vorsitzenden, zwei berufsrichterlichen Beisitzern und wiederum je einem ehrenamtlichen Richter von der Arbeitnehmer- und Arbeitgeberseite.
Gegen ein Urteil des Arbeitsgerichts kann grundsätzlich Berufung beim Landesarbeitsgericht, gegen eine Entscheidung des Landesarbeitsgerichts Revision beim Bundesarbeitsgericht eingelegt werden.

Zunächst findet eine sogenannte **Güteverhandlung** statt, die von dem Berufsrichter ohne die ehrenamtlichen Richter durchgeführt wird. Ziel ist die gütliche Einigung der Parteien.

Beispiel:
Die Parteien kommen überein, dass die Kündigung das Arbeitsverhältnis rechtswirksam beendet hat und der Arbeitnehmer eine Abfindung für den Arbeitsplatzverlust erhält.

Gelingt keine Einigung, wird ein Kammertermin anberaumt. Auch im Kammertermin wird noch einmal auf einen Vergleich hingewirkt. Die Höhe der vom Gericht vorgeschlagenen Abfindung richtet sich nach den Erfolgsaussichten der Klage, nach der Beschäftigungsdauer und dem Arbeitseinkommen des Arbeitnehmers. Schließen die Parteien keinen Vergleich, endet das Kündigungsschutzverfahren mit einem Urteil. Gewinnt der Arbeitnehmer, ist das Arbeitsverhältnis durch die Kündigung nicht beendet worden. Der Arbeitgeber muss ihn weiterbeschäftigen und auch die Vergütung für den zurückliegenden Zeitraum, sofern nicht geschehen, nachzahlen. Auf Antrag des Arbeitnehmers oder des Arbeitgebers kann das Gericht das Arbeitsverhältnis beenden, wenn das Vertrauensverhältnis so gestört ist, dass eine Fortsetzung unzumutbar ist. Ein gesetzlicher Anspruch auf die Zahlung einer Abfindung besteht regelmäßig nicht.

Zulassung verspäteter Klagen

War ein Arbeitnehmer nach erfolgter Kündigung trotz Anwendung aller ihm nach Lage der Umstände zuzumutenden Sorgfalt verhindert, die Kündigungsschutzklage innerhalb von drei Wochen nach Zugang zu erheben, kann er beim Arbeitsgericht beantragen, die Klage nachträglich zuzulassen. Gleiches gilt, wenn eine Frau von ihrer Schwangerschaft aus einem von ihr nicht zu vertretenden Grund erst nach Ablauf der Klagefrist erfährt. Der Antrag auf nachträgliche Zulassung der Klage muss innerhalb von zwei Wochen nach Behebung des Hindernisses gestellt werden. Dabei sind auch die Gründe für das Versäumen der Drei-Wochen-Frist glaubhaft zu machen. Als Begründung kommt zum Beispiel eine schwerwiegende Erkrankung in Betracht, die den Arbeitnehmer in seiner Entscheidungsfähigkeit stark beeinträchtigte.

Kosten

Die Kosten für eine Kündigungsschutzklage setzen sich aus den Gerichts- und den Rechtsanwaltskosten zusammen. Die Höhe richtet sich nach dem Streitwert. Dieser liegt bei einer Kündigungsschutzklage in der Regel bei drei Bruttomonatsgehältern. Das Arbeitsgericht erhebt keinen Gebührenvorschuss bei Klageerhebung. Die Kosten werden erst nach Ende des Verfahrens fällig. Die Gerichtsgebühren übernimmt die unterlegene Partei.

Das gilt nicht für den Rechtsanwalt. Hier trägt jede Partei die Kosten für den eigenen Anwalt, unabhängig von Sieg oder Niederlage. Für einen Vergleich stellt der Rechtsanwalt eine zusätzliche Einigungsgebühr in Rechnung, dafür entfallen häufig die Gerichtsgebühren. Gewerkschaftsmitglieder und Personen, deren Rechtsschutzversicherung die Kosten übernimmt, sind hier im Vorteil.
Es besteht aber auch die Möglichkeit, Prozesskostenhilfe zu beantragen, wenn eigene finanzielle Mittel fehlen. Der Staat übernimmt dann die Kosten für das Gericht und den Rechtsanwalt. Der Arbeitnehmer kann sich den Anwalt trotzdem aussuchen.

Vorsicht Falle:
Nicht durch die Prozesskostenhilfe gedeckt sind die Anwaltskosten der gegnerischen Partei. Dies spielt vor dem Arbeitsgericht keine Rolle, da jede Partei den eigenen Anwalt selbst zahlt. Geht der Rechtsstreit allerdings in die nächste Instanz zum Landesarbeitsgericht, sieht die Sache anders aus. Dann muss die unterlegene Partei die Anwaltskosten des Gegners begleichen.

Um Prozesskostenhilfe zu beantragen, muss finanzielle Bedürftigkeit vorliegen. Das bedeutet: Die Person kann wegen ihrer persönlichen und wirtschaftlichen Verhältnisse die notwendigen finanziellen Mittel für den Prozess entweder gar nicht, nur teilweise oder nur in Raten aufbringen. Zudem muss die Klage hinreichend Aussicht auf Erfolg haben. Es darf keine Mutwilligkeit vorliegen. Das wäre der Fall, wenn eine verständige Person, die nicht auf Prozesskostenhilfe angewiesen ist, wegen der Abwägung von Kostenrisiko und Prozessaussichten vernünftigerweise nicht geklagt hätte. Prozesskostenhilfe muss durch den Arbeitnehmer oder seinen bevollmächtigten Anwalt bei dem Arbeitsgericht beantragt werden, das über die Kündigung entscheidet.

Tipp:
Der Antrag auf Prozesskostenhilfe verlängert nicht die dreiwöchige Frist zum Einreichen einer Kündigungsschutzklage. Ist nicht sicher, ob Prozesskostenhilfe gewährt wird, und befürchtet der Arbeitnehmer daher gegebenenfalls auf den Rechtsanwaltskosten »sitzen zu bleiben«, kann er alternativ zur Beauftragung eines Rechtsanwalts die Kündigungsschutzklage mit kostenloser Unterstützung der Rechtsantragsstelle des Arbeitsgerichts einreichen.

4. Auflösung der Fragen zum Kündigungsschutz

1. *Arbeiternehmer können nur gegen eine ordentliche Kündigung klagen.*
   Das stimmt nicht. Arbeitnehmer können gegen jede Kündigung klagen, also auch gegen eine fristlose. Die Sozialwidrigkeit der Kündigung kann allerdings nur bei einer ordentlichen Kündigung geltend gemacht werden.
2. *Auch vor einer Kündigung während der Probezeit muss der Betriebsrat beteiligt werden.*
   Das stimmt. Der Betriebsrat ist vor jeder Kündigung zu hören. Eine ohne Anhörung des Betriebsrats ausgesprochene Kündigung ist unwirksam. Bei schwerbehinderten Arbeitnehmern muss auch die Schwerbehindertenvertretung beteiligt werden. Geschieht dies nicht, ist die Kündigung unwirksam.
3. *Die Kündigung eines schwerbehinderten Arbeitnehmers ist nicht möglich.*
   Das stimmt nicht. Allerdings bedarf die Kündigung der vorherigen Zustimmung des Integrationsamtes. Liegt die vor, kann der Arbeitgeber kündigen.
4. *Wird eine schwangere Arbeitnehmerin gekündigt, muss sie nicht klagen, weil die Kündigung ohnehin unwirksam ist.*
   Das stimmt nicht. Es gilt ein besonderer Kündigungsschutz, der die Kündigung bis auf wenige Ausnahmefälle ausschließt. In jedem Fall benötigt der Arbeitgeber die Genehmigung der zuständigen Behörde zur Kündigung. Trotzdem muss die Betroffene im Falle einer Kündigung dagegen klagen, ansonsten wird die eigentlich unwirksame Kündigung wirksam.
5. *Während der Berufsausbildung ist eine ordentliche Kündigung durch den Arbeitgeber ausgeschlossen.*
   Während der höchstens viermonatigen Probezeit kann das Berufsausbildungsverhältnis jederzeit ohne Einhaltung einer Kündigungsfrist gekündigt werden. Nach Ablauf der Probezeit ist nur noch eine außerordentliche Kündigung durch den Arbeitgeber möglich, wenn ein wichtiger Grund vorliegt. Der Auszubildende hingegen kann mit einer Frist von vier Wochen kündigen, wenn er die Berufsausbildung aufgeben oder sich für eine andere Berufstätigkeit ausbilden lassen will.
6. *Um Kündigungsschutzklage einzureichen, braucht man zwingend einen Rechtsanwalt.*
   Das stimmt nicht, auch wenn die Hinzuziehung eines gewerkschaftlichen Rechtsbeistands oder eines Fachanwalts für Arbeitsrecht zu

empfehlen ist. Man kann eine Klage auch bei der Rechtsantragsstelle des Arbeitsgerichts selbst erheben.

7. *Gewerkschaftsmitglieder bekommen Rechtsschutz von ihrer Gewerkschaft.*
   Das stimmt. Der Rechtsschutz ist im Mitgliedsbeitrag enthalten. Es entstehen keine Extrakosten. Allerdings kann eine gewisse Mitgliedsdauer erforderlich sein.
8. *Wer den Kündigungsschutzprozess vor dem Arbeitsgericht verliert, trägt alle Kosten.*
   Das stimmt nicht. Wer verliert, trägt die Gerichtskosten. Jede Partei bezahlt den eigenen Anwalt selbst.

VII. Endspurt: Rechte und Pflichten bei Beendigung des Arbeitsverhältnisses

1. Abwicklungsvertrag

Während ein Aufhebungsvertrag ein Arbeitsverhältnis einvernehmlich beendet, führt der Abwicklungsvertrag selbst nicht zur Auflösung der Zusammenarbeit. Vielmehr vereinbaren Arbeitnehmer und Arbeitgeber die Bedingungen, zu denen der Arbeitnehmer ausscheidet. Vorausgegangen ist in der Regel eine Kündigung. Ein wichtiger Punkt ist Aufhebungs- und Abwicklungsvertrag häufig gemein: Der Arbeitnehmer verzichtet gegen Zahlung einer Abfindung auf eine Kündigungsschutzklage. Der Arbeitgeber »erkauft« sich somit ein Stück Planungs- und Rechtssicherheit. Ob eine solche Vereinbarung für den Arbeitnehmer vorteilhaft ist, hängt von den Umständen ab. Will er ohnehin nicht klagen, ist die Abfindung ein willkommenes Extra. Hat er gute Chancen, einen Kündigungsschutzprozess zu gewinnen, vergibt er die Möglichkeit, eine höhere Abfindung vor Gericht auszuhandeln und verkauft sich gegebenenfalls unter Wert. Unter Umständen kann eine Sperre beim Arbeitslosengeld drohen, wenn der Arbeitnehmer selbst zu seiner Arbeitslosigkeit beigetragen hat. Einen Deal »Klageverzicht gegen Abfindung« sollten sich Arbeitnehmer gut überlegen und sich von der Gewerkschaft, einem Fachanwalt für Arbeitsrecht und gegebenenfalls auch bei der Agentur für Arbeit beraten lassen.

Vorsicht Falle:
Der Verzicht auf eine Kündigungsschutzklage in einer Abwicklungsvereinbarung ohne Gegenleistung des Arbeitgebers – wie etwa Zahlung einer Abfindung oder Verzicht auf eigene Ersatzansprüche – stellt eine unangemessene Benachteiligung für den Arbeitnehmer dar.

Beispiele für weitere Regelungen in einem Abwicklungsvertrag sind:

- Vermerk zur Vermeidung einer Sperrfrist beim Arbeitslosengeld
- Hinweis auf die Meldepflicht bei der Agentur für Arbeit

- Freistellung des Arbeitnehmers bis zum Ende der Kündigungsfrist oder zeitweise zur Stellensuche
- Abgabe eines Dienstwagens oder -fahrrads
- Herausgabe sonstigen Firmeneigentums wie Mobiltelefon, Notebook, Schlüssel
- Wesentliche Inhalte des Arbeitszeugnisses
- Abwicklung oder Abgeltung des Resturlaubs
- Zahlung offener Lohnansprüche wie z. B. Provisionen

Ausgleichsquittung

Manche Arbeitgeber legen ausscheidenden Beschäftigten eine sogenannte Ausgleichsquittung zur Unterschrift vor. In ihr bestätigen die Vertragsparteien, dass sie gegeneinander keinerlei Ansprüche mehr haben. Hier ist Vorsicht geboten. Diese Regelungen gehen meist zu Lasten des Arbeitnehmers, der jedoch nicht verpflichtet ist, eine Ausgleichsquittung zu unterschreiben. Ansprüche, die beispielsweise durch Tarifvertrag oder Betriebsvereinbarung garantiert werden, sind meist unverzichtbar. Die gegenseitige Verzichtserklärung kann auch im Abwicklungsvertrag enthalten sein.

2. Freistellung und Resturlaub

Ein Arbeitnehmer steht in der Tür zum Betriebsratsbüro. »Hallo Franzi, darf ich dich kurz stören?« »Sicher Günther, was gibt es?« »Wie ihr wisst, bin ich gekündigt worden und suche nun einen neuen Job. In einigen Tagen habe ich ein Vorstellungsgespräch. Muss ich dafür Urlaub nehmen oder gibt es eine andere Möglichkeit?« »Deinen Erholungsurlaub brauchst du nicht zu nehmen, denn du hast einen Anspruch auf Freistellung für die Stellensuche, den du allerdings ausdrücklich und rechtzeitig erheben musst. Sprich also kurzfristig mit deinem Chef. Selbst beurlauben darfst du dich nicht.« »Was muss ich denn angeben, Franzi?« »Die voraussichtliche Dauer der Freistellung, nicht aber, wo du dich vorstellen willst. Übrigens ist der Anspruch nicht auf das Bewerbungsverfahren beschränkt, du hast während der Freistellung auch die Möglichkeit, die Agentur für Arbeit aufzusuchen.«

Gemäß § 629 BGB hat der Arbeitgeber nach der Kündigung eines dauernden Dienstverhältnisses dem Arbeitnehmer auf Verlangen angemessene Zeit zur Stellensuche zu gewähren. Dies ist zwingend und kann nicht durch Tarif- oder Arbeitsvertrag ausgeschlossen werden. Voraussetzung ist, dass ein dauerndes Arbeitsverhältnis vorliegt. Das ist der Fall, wenn der Vertrag auf unbestimmte Zeit oder eine bestimmte, längere Dauer abgeschlossen ist oder das Arbeitsverhältnis tatsächlich schon seit längerer Zeit besteht.

> **Tipp:**
> Auch innerhalb der Probezeit kann ein Anspruch auf Freistellung zur Stellensuche bestehen, wenn das Arbeitsverhältnis auf Dauer angelegt ist und nicht nur befristet zur Probe abgeschlossen wurde.

»Franzi, wie oft und wie lange kann ich mich denn freistellen lassen?« »Die Frage ist gar nicht so einfach zu beantworten. Im Gesetz ist von ›angemessener Zeit‹ die Rede. Also, ich würde sagen, gemeint ist die erforderliche Zeit. Bewirbst du dich in einer anderen Stadt, ist eine Sightseeing-Tour aber nicht inkludiert.« »Hätte ich eigentlich auch einen Freistellungsanspruch, wenn ich gekündigt hätte?« »Ja, es spielt keine Rolle, wer gekündigt hat. Auch auf Aufhebungsverträge soll die Regelung anwendbar sein. Würdest du dich jedoch einfach nur nach einem neuen Job umsehen wollen, ohne bereits erfolgte Kündigung, müsste der Arbeitgeber dich nicht freistellen.« »Es wäre dann wohl auch nicht klug, dem Chef von dem Vorhaben zu erzählen. Habe ich denn während der Freistellung Anspruch auf Vergütung?« »Grundsätzlich ja. Es kann aber sein, dass dein Arbeitsvertrag diesen Anspruch ausschließt.«

Widerrufliche oder unwiderrufliche Freistellung während der Kündigungsfrist

Manchmal legen Arbeitgeber nach einer Kündigung keinen Wert mehr auf die Arbeitsleistung des Arbeitnehmers. Sie haben keine Verwendung mehr dafür oder befürchten, der Arbeitnehmer könnte Schaden im Betrieb anrichten. Stellt das Unternehmen einen Mitarbeiter frei, bleibt der Anspruch auf Arbeitsentgelt bestehen.

»Franzi, ich habe da noch eine andere Frage: Könnte es auch passieren, dass der Arbeitgeber mich nicht nur für die Stellensuche, sondern ganz freistellt während der Kündigungsfrist?« »Ja, das gibt es. Allerdings hast du einen Beschäftigungsanspruch. So einfach ist das für den Arbeitgeber also nicht.« Günther schmunzelt: »Also, so schlimm würde ich das gar nicht finden, solange das Geld weiter auf mein Konto fließt.«

Erfolgt die Freistellung widerruflich, verbraucht das keine Urlaubstage. Der Arbeitnehmer kann allerdings damit rechnen, dass der Arbeitgeber es sich anders überlegt und er die Arbeit wieder aufnehmen muss. Anders ist es bei der unwiderruflichen Freistellung. Dies kann Auswirkungen auf den Urlaubsanspruch haben, wenn der Arbeitgeber den Arbeitnehmer unwiderruflich und unter ausdrücklicher Anrechnung etwaiger Zeitguthaben oder Resturlaubsansprüche freistellt.

Vorsicht Falle:
Das Arbeitsverhältnis besteht auch noch während der Freistellung. Das heißt, der Arbeitnehmer darf nach wie vor nicht in Wettbewerb zu seinem Arbeitgeber treten. Er darf also keiner Konkurrenztätigkeit nachgehen.

Beispiel:
Ein Mitarbeiter eines Versicherungsunternehmens vermittelt auf eigenen Namen oder für ein anderes Unternehmen Versicherungen.

Resturlaub

»Ach Franzi, eine Frage habe ich noch. Wie wird eigentlich berechnet, wie viel Resturlaub ich noch habe?« »Da du das Unternehmen in der zweiten Jahreshälfte verlässt und vermutlich in deinem Arbeitsvertrag keine anderslautende Klausel enthalten ist, hast du Anspruch auf den gesamten Jahresurlaub.«

Bis zum Ende der Kündigungsfrist kann der Arbeitnehmer seinen Resturlaub nehmen. Ist dies nicht möglich, wird er abgegolten, also in Geld vergütet. Das gilt auch dann, wenn der Beschäftigte den Urlaub wegen krankheitsbedingter Arbeitsunfähigkeit nicht nehmen konnte. Abzugelten ist auch der Zusatzurlaub für schwerbehinderte Menschen. Der Arbeitgeber ist verpflichtet, dem Arbeitnehmer bei Beendigung des Arbeitsverhältnisses eine Bescheinigung über den im laufenden Kalenderjahr gewährten oder abgegoltenen Urlaub auszuhändigen.
Für die Berechnung der Urlaubstage kommt es darauf an, wann das Arbeitsverhältnis endet. Scheidet der Mitarbeiter in der ersten Jahreshälfte aus, steht ihm ein Zwölftel des Jahresurlaubs zu für jeden vollen Monat, an dem das Arbeitsverhältnis bestanden hat. Beim Ausscheiden nach dem 30. 6. kann der Arbeitnehmer den kompletten Jahresurlaub beanspruchen. Das gilt zumindest für den gesetzlichen Mindesturlaub von 24 Werktagen bzw. 20 Arbeitstagen bei einer Fünf-Tage-Woche.

Beispiel:
Ein Arbeitnehmer mit einem Urlaubsanspruch von 20 Tagen pro Kalenderjahr scheidet zum 31.5. aus dem Unternehmen aus. Er hat einen Urlaubsanspruch von 8 Tagen, denn das Arbeitsverhältnis hat volle fünf Monate bestanden.
Berechnung: 5 Monate : 12 Monate x 20 Urlaubstage = 8,33 Tage.
Bruchteile, die weniger als einen halben Tag ausmachen, werden abgerundet, Bruchteile, die mindestens einen halben Tag ergeben, sind auf volle Tage aufzurunden.

Hinweis:
Hat ein Arbeitnehmer, der in der ersten Hälfte des Jahres aus dem Arbeitsverhältnis ausscheidet, mehr als den ihm zustehenden Teilurlaub erhalten, kann der Arbeitgeber das dafür gezahlte Urlaubsentgelt nicht zurückfordern.

3. Arbeitspapiere und Zeugnis

Der Arbeitgeber ist verpflichtet, dem Arbeitnehmer am letzten Arbeitstag die Arbeitspapiere zu übergeben. Es handelt sich um eine Holschuld. Das heißt, der Beschäftigte muss die Unterlagen an seinem ehemaligen Arbeitsplatz abholen. Ist das nicht möglich, weil

- die Papiere noch nicht fertig sind,
- dem Arbeitnehmer die Abholung nicht zumutbar ist, weil er schwer erkrankt oder an einen weit entfernten Wohnort gezogen oder
- der Arbeitnehmer Hausverbot hat,

muss der Arbeitgeber die Unterlagen auf sein Risiko und seine Kosten an den ehemaligen Mitarbeiter versenden.
Während des Arbeitsverhältnisses haben Beschäftigte das Recht, die über sie geführte Personalakte einzusehen. Ein Anspruch auf Herausgabe der Akte bei Beendigung des Arbeitsverhältnisses besteht allerdings nicht.
Zu den Arbeitspapieren gehören:

- Arbeitszeugnis
- Arbeitsbescheinigung (wichtig für Bezug von Arbeitslosengeld)
- Ausdruck der elektronischen Lohnsteuerbescheinigung
- Urlaubsbescheinigung über gewährten oder abgegoltenen Urlaub
- Unterlagen über vermögenswirksame Leistungen und betriebliche Altersversorgung
- eventuell Referenzen

- eventuell Gesundheitszeugnis und Erstbelehrung gemäß § 43 des Infektionsschutzgesetzes (wichtig für Arbeitnehmer in der Lebensmittelbranche oder Gastronomie)

Einfache und qualifizierte Zeugnisse

Jeder Arbeitnehmer hat bei Beendigung seines Arbeitsverhältnisses Anspruch auf ein schriftliches Arbeitszeugnis. Die elektronische Form ist ausgeschlossen. Unterschieden wird zwischen dem einfachen und dem qualifizierten Zeugnis. Während ersteres sich auf Angaben zur Art und Dauer der Tätigkeit beschränkt, enthält das qualifizierte Zeugnis auch eine Beurteilung der Leistung und des Verhaltens. Unter den Begriff »Leistung« fallen unter anderem die körperliche und geistige Leistungsfähigkeit, Fertigkeiten, Fachkenntnisse, Arbeitsqualität, Belastbarkeit, Einsatzbereitschaft, Führungsqualitäten, Durchsetzungsvermögen, Kooperationsfähigkeit und Verhandlungsgeschick. Zum Verhalten zählen auch Eigenschaften wie Ehrlichkeit und Pünktlichkeit. Das qualifizierte Zeugnis wird nur auf Verlangen des Arbeitnehmers ausgestellt.
Auszubildende haben nach Beendigung der Berufsausbildung ebenfalls Anspruch auf ein schriftliches Zeugnis mit Angaben über Art, Dauer und Ziel der Berufsausbildung sowie über die erworbenen beruflichen Fertigkeiten, Kenntnisse und Fähigkeiten sowie – auf Verlangen des Auszubildenden – über Verhalten und Leistung.

Hintergrundinformation:
Ein qualifiziertes Arbeitszeugnis ist wie folgt aufgebaut:
- Überschrift (»Arbeitszeugnis«)
- Stammdaten (Vorname, Name, akademischer Grad)
- Beschäftigungsart und -dauer
- Tätigkeitsbeschreibung und Verantwortung
- Besondere Aufgaben und Erfolge
- Beurteilung der Leistungen
- Grund des Ausscheidens
- Schlussformel, Dank und Zukunftswünsche
- Ort, Datum, Unterschrift

Zwischenzeugnis

»Sag mal, Franzi, der Einkaufsleiter verlässt uns doch in zwei Monaten. Mich hat gerade eine seiner Mitarbeiterinnen angesprochen. Sie möchte gerne ein Zwischenzeugnis haben. Wer weiß, wie ihr neuer Chef ihre Leis-

tungen beurteilt. Gibt es eigentlich einen Rechtsanspruch auf ein Zwischenzeugnis? Der Chef hat auf die Bitte der Mitarbeiterin eher zurückhaltend reagiert. Vielleicht ist er gedanklich auch schon bei seinem neuen Job und hat keine Lust mehr, sich die Arbeit zu machen.« »Kann ich schon verstehen, Fritz. Qualifizierte Zeugnisse schreiben ist auch gar nicht so einfach.« »Aber das macht bei uns doch sowieso die Personalabteilung nach den Angaben des Vorgesetzten.« »Stimmt, aber der Chef muss ja trotzdem die Benotung vorgeben. Also, ich denke ein Vorgesetztenwechsel berechtigt auf jeden Fall zur Ausstellung eines Zwischenzeugnisses. Ist auch eine gute Idee, sich ein Zeugnis ausstellen zu lassen. Zwischenzeugnisse fallen häufig besser aus als das Endzeugnis.« »Ach, wieso das denn?« »Na ja, der Arbeitgeber will doch meist weiter mit dem Arbeitnehmer zusammenarbeiten. Wenn er ihn mit einem mäßigen Zeugnis verprellt, wird der nicht mehr allzu motiviert sein.« »Es könnte doch auch sein, dass der Arbeitgeber den Arbeitnehmer loswerden will und hofft, dass der mit einem guten Zeugnis schnell einen neuen Job findet.« »Ja, Wegloben kommt nie aus der Mode.« »Kann denn der Arbeitgeber den Arbeitnehmer im Endzeugnis schlecht beurteilen, wenn er ihm vorher gute Leistungen bescheinigt hat?« »Nein, so einfach nicht. Das kommt natürlich auch darauf an, wie viel Zeit zwischen Zwischen- und Endzeugnis vergangen ist.«

Hintergrundinformation:
Jeder Arbeitnehmer kann grundsätzlich ein Zwischenzeugnis verlangen, wenn er dafür einen triftigen Grund angeben kann.
Beispiele: Eigener Arbeitsplatzwechsel innerhalb des Unternehmens, Wechsel des Vorgesetzten, Inhaberwechsel, Insolvenz, Bewerbung um eine neue Stelle, längere Unterbrechung des Arbeitsverhältnisses etwa durch Elternzeit.
In manchen Tarifverträgen sind Gründe für die Ausstellung eines Zwischenzeugnisses genannt.
Im Gegensatz zum Endzeugnis wird das Zwischenzeugnis in der Gegenwartform formuliert und enthält selbstverständlich kein Beendigungsdatum. Es kann als einfaches oder qualifiziertes Zeugnis ausgestellt werden.

Zeugnisgrundsätze

Zeugnisse müssen klar formuliert, wahr und wohlwollend sein – Grundsätze, die sich durchaus widersprechen können. Personaler stecken somit oft im Dilemma. Auf der einen Seite darf das Zeugnis den Arbeitnehmer auf seinem weiteren Berufsweg nicht behindern, auf der anderen Seite werden Arbeitgeber eventuell sogar schadensersatzpflichtig, wenn sie es mit dem Wohlwollen übertreiben und ein neuer Chef beispielsweise einen notorischen Betrüger einstellt und Schaden erleidet.

Das Zeugnis muss im Hinblick auf Form und Inhalt korrekt sein. Es darf keine Rechtschreib- oder Grammatikfehler, Durchstreichungen, Eselsohren, Fettflecke, Hervorhebungen durch An- und Ausführungszeichen oder Fettdrucke aufweisen. Als Datum muss das Arbeitszeugnis den Tag der rechtlichen Beendigung des Arbeitsverhältnisses aufweisen. Es wird auf Firmenpapier erstellt. Die Unterschrift muss der üblichen Signatur des Unterzeichners ähneln.

Laut Rechtsprechung des Bundesarbeitsgerichts darf der Arbeitgeber das Zeugnis zweimal falten, um es in einen Geschäftsumschlag üblicher Größe zu legen. Allerdings muss das Zeugnis weiterhin kopierfähig bleiben. Auch ein getackertes Zeugnis soll keine unzulässige Geheimsprache darstellen.

Nach Ansicht des Bundesarbeitsgerichts hat der Arbeitnehmer grundsätzlich Anspruch auf ein »befriedigendes« Zeugnis. Fällt es schlechter aus, muss der Arbeitgeber dies begründen, verlangt der Arbeitnehmer eine bessere Beurteilung, hat er dies zu belegen. Allerdings ist eine durchschnittliche Bewertung inzwischen nicht mehr zeitgemäß, da die Mehrheit der Arbeitszeugnisse gut oder sehr gut ist.

Ein Arbeitszeugnis darf keine wesentlichen Umstände verschweigen. Die Verwendung verschlüsselter Formulierungen ist nicht erlaubt. Es gibt allerdings Grauzonen. Glänzt das Zeugnis durch übertriebenen Gebrauch von Bestnoten und Superlativen, könnte es sich um ein Gefälligkeitszeugnis handeln. Fehlen Eigenschaften, die man bei dem Berufsbild erwartet, kann dies negativ gedeutet werden. Skepsis ist auch angebracht, wenn Selbstverständlichkeiten betont werden oder bei doppelten Vereinungen.

Beispiele:
Bei einem Kassierer fehlt der Hinweis auf Ehrlichkeit, bei einem Buchhalter auf Sorgfalt und Genauigkeit. Einer Bürokauffrau wird ein sicherer Umgang mit MS Office bescheinigt. Einem Mitarbeiter wird bescheinigt, dass er nicht unerhebliche Verkaufserfolge erzielte.

Zeugnisformulierungen

Der Betriebsrat der Irgendwo GmbH tagt. Unter dem Tagesordnungspunkt »Verschiedenes« meldet sich Fritz: »Es geht um die Zwischenzeugnisse für einige Mitarbeiter im Einkauf. Zum einen haben längst nicht alle, die ein Zeugnis verlangt haben, inzwischen eines erhalten. Da stockt es noch und ich denke, wir sollten das als Betriebsrat auch noch einmal anmahnen. Zum anderen hat mich ein Arbeitnehmer angesprochen, weil er den Eindruck hat, dass sein Zeugnis zwar ganz gut klingt, er aber vermutet, dass es nicht so positiv gemeint ist. Wird eigentlich immer noch so eine Art Geheimcode verwendet bei den Zeugnisformulierungen?« Franzi hat kürzlich einen Artikel in einer Fachzeitschrift darüber gelesen und ist gut informiert: »Erlaubt ist nicht alles. Aber soweit ich weiß, verständigen sich Personaler nach wie vor über verschlüsselte Botschaften. Der neue Arbeitgeber weiß bei bestimmten Formulierungen, dass er von dem Bewerber besser die Finger lassen sollte.« »Das ist ja krass«, meint Ali, ein anderes Betriebsratsmitglied. »Kannst du ein Beispiel bringen?« »Ja, einiges habe ich mir gemerkt. Was glaubt ihr, bedeutet der Satz ›Für die Belange der Belegschaft bewies sie stets Einfühlungsvermögen‹?« Ali hat eine Idee: »Das ist bestimmt der Geheimcode für eine Tätigkeit im Betriebsrat.« Franzi schmunzelt: »Nein, das soll heißen, dass die Arbeitnehmerin mehr geflirtet als gearbeitet hat.« »Die hat ihre Kollegen angebaggert?« »Möglicherweise noch mehr als das«, mutmaßt Fritz. Franzi hat noch eine Formulierung parat: »Mal sehen, ob ihr die Bedeutung hinter folgender Formulierung erkennt: ›Er arbeitete sehr genau und erledigte seine Aufgaben ordnungsgemäß‹.« Ali traut sich noch einmal eine Einschätzung zu: »Na ja, überragend klingt das nicht, direkt schlecht aber auch nicht.« »Irrtum, Ali. Hier wird dem Arbeitnehmer eine uneffektive und bürokratische Arbeitsweise bescheinigt.« »Puh, dann kann man ja allen Arbeitnehmern nur empfehlen, bei den Zeugnisformulierungen ganz genau hinzusehen«, schlussfolgert Fritz.

Was meinen Sie: Welche Bedeutung steckt hinter den folgenden Formulierungen? Sind sie eher positiv oder negativ gemeint? Die Auflösung finden Sie am Ende des Kapitels auf den Seiten 115 und 116.

1. Sie hatte persönliches Format.
2. Er wurde für folgende Tätigkeiten eingesetzt …
3. Durch ihre systematische Arbeitsweise konnte sie jedes Projekt unterstützen.
4. Mit seinen Vorgesetzten kam er gut zurecht.
5. Sie war eine umgängliche und kontaktbereite Kollegin.
6. Er verfügt über solide Fachkenntnisse.
7. Sie hatte ausgezeichnete Ideen und gab wertvolle Anregungen.
8. Er hat alle Aufgaben in seinem und im Firmeninteresse gelöst.
9. Ihre umfangreiche Bildung machte sie stets zu einer gesuchten Gesprächspartnerin.
10. Er trat sowohl innerhalb als auch außerhalb des Unternehmens engagiert für die Interessen der Kollegen ein.

11. Sie besaß die Fähigkeit, Mitarbeiterinnen und Mitarbeiter zielgerecht zu motivieren.
12. Er praktizierte einen kooperativen Führungsstil und wurde von seinen Mitarbeitern geschätzt.
13. Sie konnte Mitarbeiter gut motivieren, delegierte Aufgaben optimal und genoss hohes Ansehen.
14. Sein Verhalten gegenüber Kollegen und Vorgesetzten war stets vorbildlich.
15. Sie zeigte eine erfrischende Art im Umgang mit Kollegen und Vorgesetzten.
16. Er verfügt über Fachwissen und gesundes Selbstvertrauen.
17. Ihre Geselligkeit trug zur Verbesserung des Betriebsklimas bei.
18. Er ist ein anspruchsvoller und kritischer Mitarbeiter.
19. Ihr persönliches Verhalten war insgesamt einwandfrei.
20. Für die Zukunft wünschen wir ihm alles Gute, besonders Erfolg.

Hintergrundinformation:
Jeder Bewerber versucht durch Anschreiben und Lebenslauf zu glänzen und sich optimal zu präsentieren. Das Zeugnis hat ein anderer geschrieben. Es kann wichtige Hinweise liefern, ob der Kandidat hält, was er verspricht. Darauf achten Personaler besonders:

- Ist das Zeugnis auf Firmenpapier gedruckt und von der für die Zeugniserstellung verantwortlichen Person unterschrieben?
- Besitzt der Bewerber die Fähigkeiten, die für die Stelle gesucht werden?
- Decken sich die Zeugnisangaben im Lebenslauf mit denen im Zeugnis?
- Gibt es Warnsignale – offen formuliert oder zwischen den Zeilen?

Gesamtbeurteilung

Im Hauptteil des qualifizierten Zeugnisses ist die eigentliche Gesamtbeurteilung des Beschäftigten zu finden. In der Praxis hat sich eine »Schulnotenskala« von sehr gut (1) bis ungenügend (6) etabliert:

- stets zur vollsten Zufriedenheit = sehr gut (1)
- zur vollsten/stets zur vollen Zufriedenheit = gut (2)
- zur vollen Zufriedenheit/stets zur Zufriedenheit = befriedigend (3)
- zur Zufriedenheit = ausreichend (4)
- im Großen und Ganzen zu unserer Zufriedenheit = mangelhaft (5)
- hat sich bemüht = ungenügend (6)

Allerdings können die Formulierungen abweichen: »Wir waren mit seinen Leistungen außerordentlich zufrieden« oder »Sie hat unseren Erwartungen in jeder Hinsicht und allerbester Weise entsprochen« drücken ebenfalls eine sehr gute Bewertung aus. »Wir waren mit ihren Leistungen jederzeit zufrieden« entspricht ebenso wie »Er erfüllte die Erwartungen in jeder Hinsicht« einer durchschnittlichen Bewertung. Wer den Satz »Er entsprach im Allgemeinen den Anforderungen« im Zeugnis liest, hat hingegen einen mangelhaften Eindruck hinterlassen.
Manche Wörter sind in der Zeugnissprache positiv belegt wie »stets«, »vollsten«, »äußerst«, »größte«, »sehr«, »besonders«, »hervorragend«, »herausragend«, »immer«. Vorsicht geboten ist hingegen bei Begriffen wie »versucht«, »bemüht«, »nicht zu beanstanden«, »durchaus«, »meist«, »insgesamt«, »größtenteils«, »im Rahmen seiner/ihrer Möglichkeiten«, »im Großen und Ganzen«.

Schluss- und Dankesformel

Die letzten Sätze im Zeugnis können einen positiven Gesamteindruck verstärken oder aber auch alles Vorherige in Zweifel ziehen. Bedauert das Unternehmen den Weggang des Mitarbeiters oder weint man ihm keine Träne nach?
Nach Auffassung des Bundesarbeitsgerichts gehört eine Schlussformel nicht zwingend zum Zeugnisinhalt. Sie ist also freiwillig. Ist der Arbeitnehmer mit den vom Arbeitgeber gewählten Schlussworten nicht einverstanden, hat er keinen Anspruch auf Änderung, wohl aber auf ein Zeugnis ohne Schlussformel.

Hintergrundinformation:
Eine typische Abschlussformel ist wie folgt aufgebaut:
- Grund für die Trennung
- Dank für die Zusammenarbeit
- Bedauern über die Trennung
- Wünsche für die Zukunft.

Auch bei der Schlussformel lässt sich eine gewisse Abstufung erkennen.

Beispiele sind:
Mit großem Bedauern über das Ausscheiden aus unserem Unternehmen danken wir Frau … für die stets herausragende Zusammenarbeit und wünschen ihr für ihre berufliche Zukunft weiterhin alles Gute und viel Erfolg = (Note 1)

> Wir bedauern die Entscheidung, danken Herrn … für die stets gute Zusammenarbeit und wünschen für seine Zukunft weiterhin viel Erfolg = (Note 2)
> Wir danken Frau … für die gute Zusammenarbeit und wünschen für ihre berufliche Zukunft weiterhin alles Gute = (Note 3)
> Das Ausscheiden bedauern wir. Wir danken Herrn … und wünschen alles Gute = (Note 4)
> Wir wünschen für die berufliche Zukunft viel Erfolg = (Note 5)

Kleine Nuancen in der Satzstellung können einen großen Unterschied ausmachen.

> **Beispiel:**
> »Wir wünschen Frau … weiterhin viel Erfolg« oder »Weiterhin wünschen wir Frau … viel Erfolg«. Der erste Satz drückt aus, dass die Mitarbeiterin im Unternehmen Erfolg hatte und sich dies wohl auch bei einem anderen Arbeitgeber fortsetzen wird. Die zweite Formulierung deutet eher darauf hin, dass der Erfolg sich bislang noch nicht eingestellt hat.

Auch in die Gründe für die Beendigung des Arbeitsverhältnisses lässt sich einiges hineininterpretieren. Erfolgt das Ausscheiden beispielsweise aus organisatorischen Gründen, kann dies natürlich der Wahrheit entsprechen. Oft ist damit aber gemeint, dass das Unternehmen die Trennung nicht bedauert. Auch bei der Formulierung »Das Ausscheiden erfolgte in beiderseitigem Einvernehmen« ist eher davon auszugehen, dass das Unternehmen froh ist, den Arbeitnehmer los zu sein. Wird das Ausscheiden hingegen mit besonderem Bedauern zur Kenntnis genommen, handelt es sich um einen hervorragenden Mitarbeiter, den man nur ungern ziehen lässt.

> **Tipp:**
> Manche Arbeitgeber schieben das Zeugnisschreiben auf die lange Bank. Arbeitnehmer sollten ihren Vorgesetzten anbieten, ihnen die Tätigkeits- und Funktionsbeschreibung abzunehmen.

Fritz lässt das Thema Zeugnisse gar nicht mehr los: »Wie können Arbeitnehmer sich denn gegen ein schlechtes Zeugnis wehren? Gibt es noch andere Optionen als zu klagen?« Franzi hat auch darauf eine Antwort: »Klagen würde ich erst, wenn ich keine andere Möglichkeit zur Verständigung mehr sehen würde, zumal der Arbeitnehmer bei einem befriedigenden Zeugnis beweisen muss, dass er besser ist als durchschnittlich. Ich würde zunächst meinen Chef direkt ansprechen. Wir als Betriebsrat können auch vermitteln. Vielleicht lassen sich die Unstimmigkeiten ja ausräumen oder es findet sich ein guter Kompromiss. Sprechenden Menschen kann geholfen werden.«

4. Auflösung der Zeugnisformulierungen

1. *»Sie hatte persönliches Format.«*
   Die Formulierung drückt eine hohe Wertschätzung gegenüber der Mitarbeiterin aus.
2. *»Er wurde für folgende Tätigkeiten eingesetzt …«*
   Passivformulierungen vermitteln keinen engagierten Eindruck.
3. *»Durch ihre systematische Arbeitsweise konnte sie jedes Projekt unterstützen.«*
   Die Arbeitsweise wird als befriedigend eingestuft. Eine sehr gute Bewertung der Arbeitsweise könnte lauten: »Durch ihre stets systematische und vorausschauende Arbeitsweise war sie während der gesamten Zusammenarbeit eine große Bereicherung für jedes Projekt, an dem sie mitarbeitete.«
4. *»Mit seinen Vorgesetzten kam er gut zurecht.«*
   Er ist ein Mitläufer, der sich überall anpasst.
5. *»Sie war eine umgängliche und kontaktbereite Kollegin.«*
   Die meisten mochten sie nicht. Gleiches gilt für die Formulierung. »Wir lernten sie als umgängliche Kollegin kennen.«
6. *»Er verfügt über solide Fachkenntnisse.«*
   Das entspricht einem befriedigend.
7. *»Sie hatte ausgezeichnete Ideen und gab wertvolle Anregungen.«*
   Das ist eine sehr gute Bewertung.
8. *»Er hat alle Aufgaben in seinem und im Firmeninteresse gelöst.«*
   Der Mitarbeiter ist ein Dieb.
9. *»Ihre umfangreiche Bildung machte sie stets zu einer gesuchten Gesprächspartnerin.«*
   Sie liebte es zu tratschen.
10. *»Er trat sowohl innerhalb als auch außerhalb des Unternehmens engagiert für die Interessen der Kollegen ein.«*
    Es handelt sich um ein gewerkschaftlich engagiertes Betriebsratsmitglied.
11. *»Sie besaß die Fähigkeit, Mitarbeiterinnen und Mitarbeiter zielgerecht zu motivieren.«*
    Der Arbeitnehmerin wird eine gute Personalführung bestätigt.

12. *»Er praktizierte einen kooperativen Führungsstil und wurde von seinen Mitarbeitern geschätzt.«*
    Diese Führungskraft konnte sich nicht durchsetzen.
13. *»Sie konnte Mitarbeiter gut motivieren, delegierte Aufgaben optimal und genoss hohes Ansehen.«*
    Eine Top-Bewertung des Führungsverhaltens.
14. *»Sein Verhalten gegenüber Kollegen und Vorgesetzten war stets vorbildlich.«*
    Die Reihenfolge – erst Kollegen, dann Vorgesetzte – deutet auf Probleme mit den Vorgesetzten hin.
15. *»Sie zeigte eine erfrischende Art im Umgang mit Kollegen und Vorgesetzten.«*
    Es handelt sich um eine freche Person ohne Manieren.
16. *»Er verfügt über Fachwissen und gesundes Selbstvertrauen.«*
    Vor allem verfügt der Mitarbeiter über Arroganz.
17. *»Ihre Geselligkeit trug zur Verbesserung des Betriebsklimas bei.«*
    Sie ist durch übermäßigen Alkoholkonsum aufgefallen.
18. *»Er ist ein anspruchsvoller und kritischer Mitarbeiter.«*
    Es handelt sich um einen Nörgler.
19. *»Ihr persönliches Verhalten war insgesamt einwandfrei.«*
    Mehr als ein ausreichend wird der Mitarbeiterin nicht bescheinigt.
20. *»Für die Zukunft wünschen wir ihm alles Gute, besonders Erfolg.«*
    Erfolg hatte der Mitarbeiter in diesem Unternehmen nicht.

Stichwortverzeichnis